ディズニーとキッザニアに学ぶ子どもがやる気になる育て方

安孫子薫
Abiko Kaoru
数住伸一
Suzumi Shinichi

SOGO HOREI PUBLISHING CO., LTD

はじめに

ここ数年、10代の日本人が世界を舞台にめざましい活躍をくり広げています。フィギュアスケートの村上《むらかみ》佳菜子《かなこ》、羽生《はにゅう》結弦《ゆづる》、スキージャンプの高梨《たかなし》沙羅《さら》。ＩＴ分野では、世界を視野に、中学生や高校生で起業する子どもも増えています。

大人でも自分を存分に表現したり、満足に仕事を続けていくことが難しい現代において、メキメキと力を発揮する10代たちには、他の人にはない〝何か〟が備わっているのではないかと考えています。少なくとも、決まりきった教育プログラムでは、そうした人たちは育たないのではないでしょうか。

一生同じ会社に勤めあげる働き方ではなく、自ら仕事を創り出し、それをもとに食べていくという生き方が当たり前の時代だからこそ、これまでの学校教育にはない方法で子どもを育てることが必要になってきていると感じます。

しかし、3月~4月になると、毎年雑誌や広告などで目にするのは、「東大○○名合格」「就職率100%」「有名企業への就職多数」といった文字ばかり。いまだに学歴重視の風潮で、大企業に入社することが、まるで人生の勝者になるような表現の数々に、違和感を感じずにはいられません。しかも、そういった雑誌が売れているというから、驚きです。

もうおわかりのはずです。社会で直面する問題には、テキストも参考書もありません。「これ」という正解もありません。**自分の中で答えを考え出し、実行していかなくてはならない**のです。

一方、日本の学校教育は一つの答えを求めさせようとする傾向が強く、子どもの可能性を知らず知らずのうちに狭めてしまっていると感じます。色で言うと、赤も青も緑も茶色も、いろいろな生き方があっていいのに、白に収まることをよしとする。そんな教育が常識とされているような気がしてなりません。

私たちはこれまで、ディズニーとキッザニアで働いてきましたが、その違和感に気づかせてくれたのが、まさにこの2つのテーマパークでした。

ディズニーの創業者であるウォルト・ディズニーは、どこまでも夢を追い続ける男でした。今までにない、映画の世界を現実にしたテーマパークを創ろうとして、周囲からは白い目で見られました。しかし彼は、見事に実現させました。それどころか、今や世界が注目するテーマパークへと発展させ、子どもも大人も夢を描ける場所として、多くの人に愛されています。

キッザニアもその意味では同様です。メキシコで金融の仕事をしていたハビエル・ロペスが、〝遊べる託児所〟を創りたいと考えたことから構想が生まれました。楽しみながら学ぶ喜びを、子どもに感じてほしいと考えたのです。当時はゼロからのスタートでしたが、多くの困難を乗り越え、今やメキシコだけでなく、日本、韓国、ドバイ、シンガポール、イギリスなど、多くの国の子どもがキッザニアを存分に楽しんでいます。

子どもの可能性を伸ばす驚きや感動があるということ。それは、夢を見続けた創業者の想いがつまったテーマパークだからこそ実現できることかもしれません。

この本では、子どもの可能性を伸ばすためにディズニーとキッザニアをどう活用したらよいのかを書きました。しかし、ここに書いてあることは全てではありません。これを機に、ぜひ子どもさんと独自の楽しみ方、学び方を見つけていただきたいと思います。

そして、一人でも多くのお父さん・お母さんが、お子さんの中にまだ眠っている可能性に気づいてくだされば、大変うれしく思います。

2013年5月

安孫子《あびこ》 薫《かおる》
数住《すずみ》 伸一《しんいち》

もくじ

第1章 ディズニーとキッザニアで育む「夢を見る力」と「夢を形にする力」

第2章　子どもたちの好奇心をかき立てるディズニーとキッザニアのしくみ

第3章　学校ではなかなか学べない！大人になって役立つ力

第4章　他のテーマパークでは得られない「働く人」から得られる力

第5章　子どもの可能性をひき出すために家庭でできること

※本書に掲載されている情報は
２０１３年４月末現在のものです。

第1章

ディズニーとキッザニアで育む

「夢を見る力」と「夢を形にする力」

ディズニーとキッザニア 両方経験して得られる力とは

いま、なぜディズニーとキッザニアなのか？

東京ディズニーリゾートとキッザニア。一度は行かれたことのある方も多いのではないでしょうか。ともに全国から来場者の絶えないテーマパークで、不動の人気を誇っています。

今回、この要素の異なる2つのテーマパークを一緒に取り上げるのには、理由があります。ディズニーとキッザニア、両方を通じて、**社会を「生きぬく力」が身につくと考えているから**です。

子どもが成長し、大人になっていく過程では、さまざまな荒波を乗り越えなくてはなりません。社会人になってからも、いろいろな壁に直面しては、そのつど考え、行動し、打開していくことでしょう。そのさい、さまざまな知識や経験が必要なのは言うまでもありません。しかしそれ以上に、**人を思いやる気持ちや、コミュニケーション能力といった「生きぬく力」にこそ、社会という荒波を乗り越えるヒントが隠されていると思うのです。**

ここで言う、人を思いやることやコミュニケーション能力とは、何も人の価値観に合わせるということではありません。**「自分らしく動く」ということです。**相手を敬う気持ちを持ちつつも、他人に惑わされることなく自分らしく動いてこそ、その子ども自身の、本当の幸せをつかむことができると思うのです。

自分の軸を持つことが、幸せにつながる

世界中の人を魅了する「ディズニー」を創り出したウォルト・ディズニーの

こんな言葉があります。

「幸福とは心の状態だ。それは物の見方による。私は幸福とは満足することだと思っている。しかし、これは金持ちであることを意味してはいない」。

人生の目的は人それぞれだと思いますが、目的を達成し、幸福になりたいという思いは誰もが持っているのではないでしょうか。ウォルトは、「幸福」とは、自分自身の「心の状態」であり、自分自身の「物の見方」であり、自分自身の「満足」というふうに捉えています。「自分」という軸があってはじめて、「幸福」を感じることができるのです。

ですから**幸福をつかむためには、「自分のものさし」をしっかり持ち、自分の満足、自分の幸福を追求していくことが必要です。**時代が劇的に変化し、どんな環境になろうとも、その力を失わずに輝き続けることこそ、どんな時代も、自分らしく生きぬいていけるカギではないでしょうか。

では、その「生きぬく力」を育む東京ディズニーリゾートとキッザニア、2つのテーマパークがいったいどんなところなのかを見ていきましょう。

東京ディズニーリゾート		
運営会社		株式会社オリエンタルランド
キャッチコピー	東京ディズニーランド	夢と魔法の王国
	東京ディズニーシー	冒険とイマジネーションの海へ
開園日	東京ディズニーランド	1983年4月15日
	東京ディズニーシー	2001年9月4日
所在地		千葉県浦安市舞浜
営業時間		8：00 ～ 22：00（変動あり）
面積	東京ディズニーランド	51万㎡
	東京ディズニーシー	49万㎡
アトラクション数	東京ディズニーランド	41
	東京ディズニーシー	32
年間来園者数（2012年度）		2,750万人
累計来園者数（1983年度～2012年度）		5億6,700万人
従業員数（2012年3月末）		正社員 2,201人 テーマパーク社員 777人 準社員（アルバイト）18,066人

「夢を見る力」を育むディズニー、「夢を形にする力」を養うキッザニア

東京ディズニーリゾートのベースになっているのは、ウォルト・ディズニーが1955年、カリフォルニア州アナハイムにオープンさせたディズニーランドです。当時、すでに数々のアニメ映画のヒット作を生み出していたウォルトが目指したのは、映画の世界を3次元の世界に再現することでした。テーマパーク全体がまるで映画の世界から飛び出てきているかのように、すべてのエリア、すべてのアトラクションや施設が、映画のストーリーに沿って創られています。

映画で見ていた夢と空想の世界を間近に見ることができるため、東京ディズニーリゾートを訪れた人は、自ずと心を解き放つことができます。子どもたちにとっては、夢を見たり、空想を広げる力を育むことのできる、最適な場所なのです。

一方のキッザニアは、「こどもたちのこどもたちによるこどもたちの国キッザニア」とうたっているように、子どもたちが主役のテーマパークです。病院、警察署、消防署、銀行、テレビ局、劇場……私たちの暮らしの中でもおなじみの景観によって街並みが構成されています。異なるのは、働く人も、そこを利用するのも、子どもたちだということ。子どもたちが、大人になりきって「お仕事体験」（アクティビティ）をする。それが、このテーマパークのコンセプトです。

「教育（エデュケーション）＋娯楽（エンターテイメント）」＝「エデュテイメント」という独特の概念を持っているのもまた、お仕事体験ができるキッザニアならでは、です。「遊ぶだけ」ではなく、**「楽しみながら学ぶ場所」でもあるのです。**

多くの子どもたちは日頃から、「大人になったら、何になりたいの？」といった質問を受けていると思います。ただ、知っている職業は、せいぜい自分の親や周りの大人の就いている職業に限られていることでしょう。しかしキッザニアで体験できるお仕事は、実に90種類以上。子どもにしてみれば、「こんなお仕事もあるんだ」というたくさんの発見があると思います。それだけに、数ある中から体験してみたいお仕事を探し、自ら参加する意志表明をすることに、今までにない衝撃を覚えるかもしれません。

「夢を見る力」+「夢を形にする力」=「生きぬく力」

お仕事をするのは、あくまで子ども自身。自分で行動しなければ、何も始まらない世界です。思っていたお仕事とは違うと感じる場合もありますし、アクティビティの最中、子ども同士でケンカが始まることもあります。学校で「受けなければならない授業」ではなく、「自ら選択したお仕事」の中で起こるいろいろなことを乗り越えてはじめて、仕事をした報酬をもらえるのです。しかも、通貨は「キッゾ」と呼ばれるこの国でしか使えない、特別なもの。得たと

キッザニア東京・甲子園		
運営会社		KCJ GROUP 株式会社
キャッチコピー		子どもが主役の街
開園日	キッザニア東京	2006年10月5日
	キッザニア甲子園	2009年3月27日
所在地	キッザニア東京	東京都江東区豊洲
	キッザニア甲子園	兵庫県西宮市甲子園
営業時間		第1部9：00～15：00 第2部16：00～21：00
年間来場者数	キッザニア東京	約80万人
	キッザニア甲子園	約70万人
面積		（ともに）約6000㎡

きの喜びも、ひとしおです。

キッザニアでは、自ら考え、自ら行動し、大人の体験をすることを通して、**「夢は見るだけのものではなく、かなえるもの」**ということを体感できる点に大きな特徴があります。いわば**「夢を形にする力」を、自然と育むことができるのです。**

ウォルト・ディズニーの名言のひとつに、「すべては夢見ることから始まる」という言葉があります。キッザニアで言うと、まず、憧れの職業に就きたいという「夢」を見て、さらに自分でその「夢」をかなえる方法を探り、夢を実現してこそ、本当の意味での「幸福」を手に入れられるのではないでしょうか。ひとつ夢をかなえれば、また次の夢を描く。そこに向かってひた走る。こういったことを続けていく力が「生きぬく力」とも言えるでしょう。そしてそれは、**「夢を見る力」と「夢を形にする力」、両方あってはじめて実現するものなのです。**

「生きぬく力」は、時代に左右されない力

私たちが子どもだった頃を考えれば、世の中は大きく変わっています。インターネットによって世界中の人たちとつながれる可能性など、誰が想像できたでしょうか。

同じような変化は、いつの時代も起こります。最先端の知識や技術も、目の前の子どもたちが大人になる頃には、過去の遺産になっていることでしょう。

どれほど時代や環境が変化しようとも、**いつも自分らしく夢を見て、形にして**

いく力があれば、どんな状況であろうとも、力強く生きていけるはずです。

もちろんテーマパークですから、親も子も楽しむことが大前提です。子どもたちがディズニーとキッザニアで何かを吸収し、成長していく様子を見守るという観点がひとつ増えれば、親にとっての楽しみがグンと広がることは間違いありません。２つのテーマパークで、ぜひそれを試してみてほしいのです。

美と魔法のショーケースの中で自然と育まれる発想力

ふつうの舞台とディズニーの一番の違い

ここからはそれぞれのテーマパークでどのように力が育まれていくのかを、具体的に解き明かしてみたいと思います。

ディズニーのパークは、いわば「**ステージ**」。来場者は「**ゲスト**」です。そしてゲストをもてなす人たち全員を「**キャスト**」と呼びます。ゲストの目に触れる場所を「**オンステージ**」、目に触れない場所を「**バックステージ**」としているのも、パーク＝ステージショーという考えが基礎になっています。演劇を観に行ったことのある方はご存知かと思いますが、通常、舞台には「書《か》き割《わ》り」と呼ばれる小道具があります。木製の枠に布や紙をはり、その上に絵を描いて、舞台上の背景として使っているあれです。しかしこの書き割りは、その前で演じる俳優がいなければ、ただの板。俳優が舞台で演じてはじめて、その存在価値が出てきます。

一方、ディズニーのパークは、一歩足を踏み入れたとたんに、「夢」がふくらみます。あたかも映画の世界に引きずり込まれたような感覚を持つ方は多いでしょう。ディズニーパークをひとつの「舞台」と見立てた場合、そこにある「建物」が、書き割りにあたります。

しかし明らかに、書き割りとは違って見えます。なぜだと思いますか。

一つは、舞台の書き割りにあたるディズニーの建物が、ふだんなかなか見られない建物であることが挙げられます。さらに、建物の細部に生活感を感じられる仕掛けがほどこされているので、あたかもそこに映画の中に出てきたキャラクターが住んでいて、会えそうだと感じられることもあるかと思います。

「非日常」なのに、まるでそれが「日常」であるかのような、リアルな演出。そういったものが、訪れるゲストの夢とイマジネーションをどんどんふくらませていくのです。

まるで生きているようなロボット

リアルな演出といえば、「オーディオアニマトロニクス」も不可欠な存在です。オーディオアニマトロニクスとは、オーディオ（音）とアニメーション（動き）、エレクトロニクス（電子工学）を合わせて作られた造語で、いわばディズニーの技術の粋を集めたロボットのことを指します。あたかも生きているかのように滑らかでリアルな動きをするのが特徴で、その種類はさまざま。人間をはじめとする自然界に実在する生き物から、宇宙や地底に住む想像上の生き物に至るまで、どの生き物、どのキャラクターにもまるで生命が息づいているように感じられます。ディズニーのパークを「非日常」たらしめ、パークにいる間、夢を見続けていられるのは、どこまでも完璧を追求するオーディオアニマトロニクスの技術によるところも大きいでしょう。

あえて風化させる　あえて大きく見せる

パーク内の街並み、建物、インテリア、エクステリアにも、「非日常」を演出するためのディズニーの息づかいを感じることができます。

橋の欄干が錆《さ》びた感じになっていたり、真鍮《しんちゅう》が黒くなっているのも、すべて演出。建物が風化していたり、いかにも使い込まれた感じを演出するため、「エイジング」と呼ばれる技術を駆使して、歴史ある街並みを再現しています。しかも、ほどよく使い込まれている感じを出すため、定期的にメンテナンスも行っています。

空間に広がりが見えるように、パーク内のあちこちに遠近法が使われているのも特徴の一つです。絵を描く時、平面であっても奥行きや立体感を感じさせるように、遠くのものを小さく、近くのものを大きく描くというあの手法です。

　これはもちろん、３次元の世界でも有効です。たとえば建物の２階の窓より３階の窓を小さくすることで、地上に立って建物を見上げたときに、より高い建物に見えます。街並みの入口に近い場所の道幅を広く、奥に入っていくほど狭くするのも、奥行きを出すための演出なのです。

　このように、ふだんなかなか味わえない空間で歩いたり、自分の手で触れ

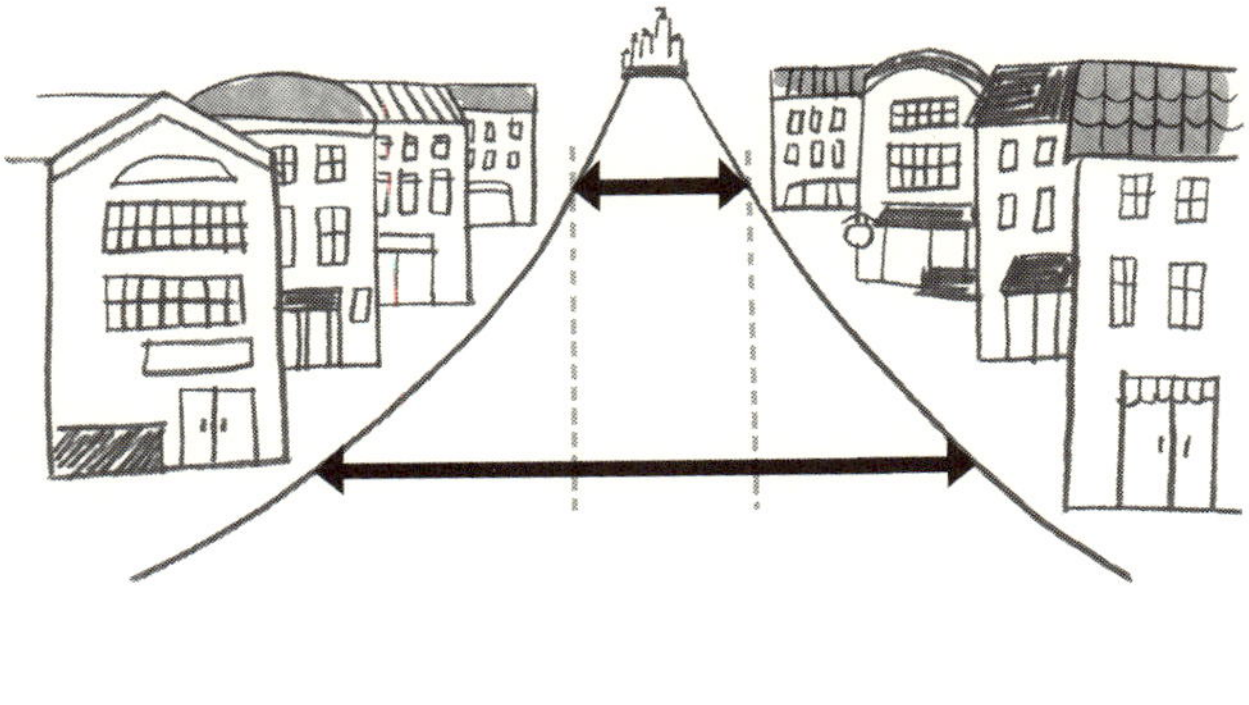

たり、音や匂いに触れることで、何とも言えない空気を感じることができます。

子どもであれば、なおさらです。五感を刺激するあらゆるものに触れることで、オーディオアニマトロニクスのしくみに興味を持つ子どももいるでしょうし、パークにある花の種類に夢中になる子どももいることでしょう。

ディズニーは、夢と想像力を刺激し、それらが響き合い、新しい発想を生み出す力を持っているのです。

「夢見ていた」創業者だからこそ「夢を見る力」が育まれる

「夢描き人」ウォルト・ディズニー

ディズニーブランドの創業者で、ディズニーランドの生みの親であるウォルト・ディズニーは、１９０１年12月５日、アメリカのシカゴで生まれました。少年時代は動物と触れ合うことや、絵を描くことが好きだったといいます。

10代の頃には夜間の美術学校に通い、第一次大戦中は赤十字軍に従軍していました。しかしその間もウォルトは、合間をぬってトラックの幌《ほろ》に漫画を描いたり、兵士のヘルメットを彩色していたというから、驚きです。

やがてアニメーターとして仕事を始めたウォルトは1927年、ワンパクなウサギが主人公のアニメーション「しあわせウサギのオズワルド」を制作。このシリーズは大ヒットしたものの、配給先との所有権をめぐって交渉が決裂し、ウォルトはオズワルドの権利を失ってしまうことになります。

失意のウォルトが、本社のあるハリウッドへ戻る列車の中で思いついたのが、ミッキーマウスの原型となるネズミのキャラクターでした。

今や総合エンターテイメント事業を手掛け、年間売上高が400億ドル（約4兆円）を超えると言われているディズニーグループですが、そのすべては、ウォルトが落胆と悲しみに負けることなく、ミッキーマウスを創り出したことに端を発しているのです。

ウォルトはいついかなる状況にあっても夢を描き、次々に新しい挑戦を続けていく人でした。彼がディズニーランドの壮大な構想を発表した当時も、マスコミには「絶対に成功しない」と叩かれました。融資を受けるために銀行と交渉していた彼は、そのときのことをこんなふうに語っています。「ディズニーランドが実行可能だと銀行を納得させるのは不可能だった。なぜなら、夢の担保価値はほとんどゼロだったから」

夢は大きければ大きいほど、実行に移すのはたやすいことではありませんし、誰かに理解してもらうには時間がかかるものです。しかし、彼は負けませんでした。結果、ウォルトは、前例がなく、あまりにも難しいだろうということだけで、彼が失敗するだろうと考えたマスコミや銀行の予想を見事にくつがえしました。今やディズニーは、一大エンターテイメント企業として、多くの人々を魅了しています。

ディズニーは、ウォルトが生涯かけて描いた夢

老若男女を問わず、みんなが童心にかえって夢中になれる場所こそ、ウォルトが夢見たことでした。そのため、彼の創り上げたテーマパークの中には、た

くさんの夢を詰め込んでいます。たとえ大人になっても、いつまでも子どもっぽさやユーモアのセンスを失わないこと。大人と子どもが一緒に受け容れられるストーリーを展開すること。訪れた人みんながそこで幸せになれること……。

1966年にウォルトはこの世を去りましたが、没後半世紀近くたった今もなお、ディズニーパークのスタッフたちはウォルトの意志を脈々と受け継いでいます。ゲストが日常を離れ、ストーリーの中で遊び、幸せになれるよう徹底した演出をすることに情熱を注いでいるのです。彼の夢が、時代も国境も超えてキャストに伝わり、ゲストにも伝わっていく。その連鎖が、日々起こっています。

今の幼い子どもたちは、「ディズニー」というブランド名がもともとは人の名前であることを知らないかもしれません。夢というのは、色も形もない、つかみどころのないものかもしれません。それでもウォルト・ディズニーが生涯をかけて描いた夢は、大きな力となって私たちに今もなお働きかけてくれます。

第1章　ディズニーとキッザニアで育む
「夢を見る力」と「夢を形にする力」

子どもの豊かな想像力を刺激する総合芸術

一人ひとりが「役」を演じている

ディズニーのパークには、実に多くのキャストが働いており、いろいろな仕事があります。オンステージでゲストが目にするような仕事もあれば、バックステージ（裏方）の仕事もあります。一人ひとりが、パークのテーマショーやストーリーを形にするためには欠かせない存在であり、大切な役割を与えられています。

たとえば、パレードやステージショーに出演するダンサー、ショーの振付や演出を行うキャスト、音楽や照明担当は、ショービジネス界で一流のメンバーを集めています。宝塚歌劇団の舞台で活躍したことのある振付師やダンス指導者のほか、著名な音楽プロデューサーもいます。

中でも、ディズニーのダンサーは憧れの的。毎年国内と海外でオーディションを開催し、多くの若い人たちがエントリーするのですが、かなりの狭き門で限られた人しか採用されません。それだけに、採用されたときの喜びもひとしおだと思います。しかし、すぐにデビューできるわけではありません。採用後も過酷な日々が待っていて、ゲストの前に立つまでにはバックステージにあるダンススタジオでの厳しいレッスンとリハーサルを乗り越えなければなりません。特に、新しいショーが始まる目前に行われるドレスリハーサルは、早朝から深夜におよぶ場合もあります。

また、ベテランダンサーであっても毎年オーディションが義務付けられています。一度採用されたからといって、次年度の保証があるわけではないのです。

鑑賞されたことがある方なら、そのショークオリティの高さを実感していただいていることでしょう。

ゲストにハピネスを提供するため、その背景には、見えないところでのドラマが隠されているのです。

このほかにも、ショーやパレードを支えるキャストが大勢います。ダンサーの衣装デザイナー、生地や小道具のバイヤー、縫製《ほうせい》担当、ウイッグ担当、メーク担当、音響照明担当、そして、フロート（パレードで道を行進する山車《だし》）のドライバーなど数えきれません。

もちろん、パレードやショーに携わるメンバーだけではなく、パーク内には2万人ものキャストがそれぞれの役を担い、演じて働いています。

パークには24時間常時キャストが働いて、深夜であっても清掃担当のナイト・カストーディアル、警備のセキュリティオフィサー、防災担当、そして、工事や点検のためのメンテナンス担当キャストたちが忙しく動きまわっています。ゲストの目に触れないバックステージでも、そしてそれがたとえ深夜でも、ゲストにハピネスを提供するため、すべてのキャストが与えられた役割を演じ続け、ディズニーのテーマショーを創り続けているのです。

こうした一人ひとりのキャストが一体となってはじめて、全体が統制された「究極の総合芸術作品」としてのディズニー・テーマパークが創りあげられていきます。

子どもたちはアトラクションに乗ってスリルを楽しみ、キャラクターに触れて優しさを覚える。光や音楽に胸をおどらせ、風船が舞う青空や花火が彩る星空を見て、五感で何かを感じとる。想像力が刺激され、豊かな情感が育まれる――。東京ディズニーリゾートとは、そのような場所なのです。

大人になりきってひき出される「夢を形にする力」

子どもが大人になれる場所・キッザニア

一方、キッザニアは、子どもが大人になりきってお仕事体験をする場所です。東京ディズニーリゾートが、大人も子どもと一緒になって童心に帰る場所なので、それとはある意味、まったく逆の作用が働くとも言えます。

キッザニアは、**「こどもたちのこどもたちによるこどもたちのための国」**。外界とは異なる〝特別な国〟です。ですから、空港の入国カウンターを模した入場ゲートを通って「入国」します。

ひとたび入場すれば、そこは完全に子どもが主役。一人前の大人として扱われます。ここで働くスタッフ（スーパーバイザー）たちは、子どもたちを子ども扱いせずに、「～です」「～してください」と丁寧な言葉で話しかけます。そのため、大人としてきちんと尊重されていることを子ども自身も体感できるのです。

子どもたちは90種類を超えるお仕事（アクティビティ）の中から、自分が体験したい職業やサービスを自由に選び、大人の社会で実施されているさまざまな活動を疑似体験できます。

〝選ぶ〟楽しさと厳しさ

ひとくちに子どもといっても、キッザニアに来場するのは幼児から中学生までさまざま。幅広い学齢の子どもたちが一緒にパビリオンを利用しますから、一人ひとりできること、できないことも当然違ってきます。

はじめて来場した子どもの中には、なかなか自分ではお仕事を選べない子どももいます。その場合は、保護者の方々と相談しながら選んでもいいですし、お仕事の相談に乗ってくれる〝職業紹介〟のパビリオンもあります。

いわば「職業選択の自由」を、ここで生まれてはじめて疑似体験することになる子どもも少なくありません。

「自由に選べる」という言葉には、たしかに楽しくのびのびとした響きがありますが、幼い子どもにとっては、ときにかなりの重圧です。日頃は両親や家族、幼稚園や保育園、学校の先生に示してもらった通りに行動している子どもにとって、「自分が何をしたいのか」「自分に何ができるのか」を考えて自分で決めていくことは、そうそう簡単ではないでしょう。

自分で考え、自分で行動する大人になる

キッザニアは、大人のように働くだけでなく、自分で考え、自分で行動する

ことに挑戦できるテーマパークでもあります。

思えば、幼い子どもたちにとって、これほど選択を迫られるチャンスも日常生活ではなかなかないかもしれません。

▼どんな職業を体験するか決める
▼アクティビティの受付から終了まで、すべて子ども自身が行う
▼働いて、この国の通貨であるキッゾでお金を受け取る
▼お金を銀行に預けるか、電子マネーに替えるのか、モノを買うのか、考える

まさに、選択と行動の連続。同じテーマパークであっても、ディズニーのパークと異なるのは、このように**自分で考え、自分で行動する**という点なのです。

自然と芽生える責任感と自立心

子どもだけだから、成長できる

キッザニアでは、お仕事を体験するパビリオンの中に、保護者が入ることはできません。手助けすることはできないのです。

子どもたちは、見ず知らずのメンバーと一緒に、食品を作ったり、モノを販売したり、来店するお客様にサービスするなどの慣れない体験をするという〝試練〟を経験します。

隣りのお兄さん、お姉さんが当たり前にできているのに、自分はうまくできなくて悔しい思いをしたり……。苦い思いを味わうことも、もちろんあります。だからこそ、たとえば自分の手で作ったピザができ上がり、その成果物と報酬（キッゾ）を受け取ったときの達成感もまた格別。自分を見守ってくれていたお父さんやお母さんにピザを手渡す瞬間が、何とも誇らしく思えるのです。

少しくらい嫌なことやつらいことがあっても、自分で選んだ仕事です。アクティビティの数十分間は頑張りぬく。一人前の大人として、同じパビリオンの中で同じ時間を過ごす子どもと意志疎通を図る。見守ってくれるお父さんやお母さんの喜ぶ顔を見て、「ああ、頑張ってよかった」という気持ちになれる。こういう体験の一つひとつが、子どもにとって貴重な体験になります。

そこには、両親と少し距離を置き、自分で行動してみなければ得られないものが必ずあります。一つひとつのプロセスを経て、責任感と自立心が自然に芽生えていくのです。

子どもの夢を応援しながら親も夢をかなえる

大人はわき役。完全に子どもが主役の国

キッザニアは、大人が活動する街を再現してありますが、街並みのサイズはリアルな街に比べてほぼ3分の2のサイズで創られています。店舗や作業場、カウンターなども、子どもが扱いやすいようにすべて小さめに設計されているのです。

「こどもの国」のため、来場した大人は、パビリオンの中に入ることすらできません。入口から、あるいはガラス越しに子どもたちの姿を見守ることになります。完全に〝子どもが主役〟なのです。大人から見れば、その点が、ゲストの誰もが幸せになれるディズニーのパークとの最も大きな違いだと言えるかもしれません。

ただ、まったく大人が楽しめないテーマパークというわけでもありません。

今までお父さん、お母さんのそばを片時も離れなかったお子さんが、はじめての場所で数多くのパビリオンを見て、好奇心をくすぐられ、「自分はこれをやってみたい」と意志表示するのです。生まれてはじめて両親と距離を置き、自分でスーパーバイザーと会話をするのです。「人見知りなあの子が、ひとりで大人と会話できるなんて」「あの泣き虫で引っ込み思案な子が、自分から何かを主張するなんて」と驚かされる場面を、数多く見られることでしょう。

親は日々子どもの姿を見て、新しい発見をし、その成長を喜ぶものです。しかし、日常生活とはまったくかけ離れた、密度の濃い体験型テーマパークで一気にいろいろなシーンを目にすることで、子どもと一緒に親もまた、日頃はできない体験をすることができるのです。

子どもの新しい一面を発見するチャンス

ここで大切なのは、職業の疑似体験をするということは、親からの自立を疑似体験することでもある、という点です。

親の意見やアドバイスばかりを気にして、自分から「これをやりたい」と言えなければ、自立にはなりません。**子ども自身が本当に興味を持つことや意欲を感じることを親がうまく引き出してこそ、キッザニアのしくみや特徴が生きる**と考えています。

ぜひ、今まで聞いたことがないお子さんの主張を、汲み取ってあげてください。**「職業選択の自由」という難題に果敢に挑戦するお子さんを見守り、新しい一面を発見してあげてほしいのです。**子どもたちはきっと、勇気を奮い立たせて自分から行動するはずです。そしてそれは必ず、お子さん自身の大きな成長の第一歩になるに違いありません。

キッザニアという「こどもの国」では、**親はあくまでも子どものアドバイザーであり、サポーターであり、オブザーバー**です。

ときに子どもは、親が思ったような行動をせず、歯がゆい思いをすることもあるかもしれませんが、親が見守るしかない場所だからこそ、子どもが自分から何かをつかみとっていく姿を目の当たりにでき、彼らの夢を心から応援することができるのではないでしょうか。

キッザニアは、**子どもたちが自分の夢をかなえる様子に、一緒に感動し、一緒に喜び、一緒に達成感を味わうことができるすばらしい場所**なのです。

コラム1

キッザニアサンタフェのユニークなお仕事体験

キッザニアの第１号店「キッザニアサンタフェ」は1999年、メキシコシティに誕生しました。

本場メキシコには、日本では考えにくい仕事がいくつかあります。メキシコはマヤ文明やアステカ文明が繁栄し、今も至るところに古代都市の神殿や遺跡が残されています。中でも太陽と月のピラミッドがある〝古代都市ティオティワカン〟は世界遺産としても特に有名です。そのため、キッザニア・サンタフェには「遺跡発掘のお仕事」があります。日本では考古学に携わる仕事は珍しいと思いますが、聞くところによると、メキシコでは結構ポピュラーな仕事なのだそうです。発掘現場で土を丁寧に掘り返し、刷毛でなぞって古代の人々が残した遺物を見つけ出す。いかにもメキシコならではのお仕事ですね。

その他にも憧れの「ＦⅠレーサー」体験や上下水工事をする「地下インフラ工事」の仕事があり、街角では「靴磨き」の仕事体験もできます。お父さんの靴を一生懸命磨いている子どもの姿が今でも印象に残っています。

海外には私たちが知らない面白い仕事がたくさんあるのかもしれません。

第2章

子どもたちの好奇心をかき立てる
ディズニーとキッザニアのしくみ

人の温かさを感じられる
ディズニーのおもてなし

ゲスト全員がＶＩＰ

ディズニーではゲスト一人ひとりを**大切な〝ＶＩＰ〟**としてもてなしています。これは、ゲストみんながハピネスを感じられるように、また、今日１日の大切な思い出を持って帰れるようにしてほしいというウォルトの想いでもあります。

こういった想いをキャッチしたキャストたちは、パーク内でゲストのみなさんに積極的に声をかけます。地図を広げてのぞき込んでいるゲストを見かければ、すぐに近づいて案内をする。写真を撮ろうとしているゲストがいれば、全員が一緒に写真に入れるように「お撮りしましょうか」と申し出る。

どの行動も、マニュアルとして明文化されているわけではありません。「ゲストが今、何を求めているのか」を自分たちで察知し、対応するという訓練の積み重ねによって、自然にそうしたもてなしのプロフェッショナルにふさわしい行動がとれるようになっていくのです。

ゲストを幸せにするディズニーの魔法

「ハート・トゥ・ハート」という英語があります。これは形容詞で「心からの」「誠意のある」という意味です。ディズニーではこの、心をこめたサービスを大切にしていて、できるだけ**人から人へ、手から手へ、想いを伝える**ようにしています。

ディズニーのパークでサイン（看板）やチラシ、ビラといったものを見かけないのも、そういった想いによるものです。

よく地下鉄などに乗ると、掲示板や広告などで「席を譲りましょう」「駆け込み乗車はやめましょう」といった表現を見かけることがあると思います。伝えたいことを表現することは大事ですが、はたしてそれが本当に、利用する人のためになるでしょうか。ポスターやチラシを配るだけ配ってあとは何もしなくていいと、満足してしまってはいないでしょうか。

ディズニーでは、ポスターや看板などの広告や案内を、極力排しています。人と人とのコミュニケーションを通じてはじめて、「温かさ」というものが生まれ、思い出につながると考えているからです。道に迷っているゲストを見かけたら、さりげなく近づき、お話ししてみる。困っている人がいたらおうかがいして、できることはないかを探ってみる。**他人に関心を持ち、その場に応じて行動したり、気配りすることが、社会では必要とされる**のではないでしょうか。

ディズニーは、人がいてはじめて完成する

ウォルトは、アニメーションにしろ、テーマパークにしろ、何かを創るときにはとことんまでテーマとストーリーにこだわりました。しかし、どんなモノ創りにも、何より「人」がいなければ意味がないと考えていました。パークの場合は、それがキャストであり、ゲストなのです。

「描いた夢を実現するのは、人なんだよ」

これは、ウォルトの言葉です。ゲストを幸せにしたいという強い想いをもった「人」がいて、幸せになりたいとパークにやって来る「人」がいる。**「人」がいてはじめて、ウォルトの思い描いたパークが現実のものとなる**のです。

考えてみれば当たり前のことかもしれませんが、本当の意味で「人が人をもてなす」「人が人を幸せにする」という姿勢を貫き、けっしてぶれることのない最高のサービスを追求しているテーマパークが、いったい世界にどれほど存

在しているでしょうか。ここにこそ、ディズニーブランドの強さの真髄がある
と思います。

ディズニーのパークを彩る緑の世界

テーマやストーリーを語る植物たち

東京ディズニーリゾートに植えられている植栽や花壇をじっくりご覧になってみてください。ディズニー・パークは広大な植物園でもあります。何しろ、東京ディズニーランドは敷地の3分の1が植栽帯で、40万本の樹木が植えられています。開園以来30年の時の経過と、専門キャストたちの行き届いた手入れにより、樹木は大きく立派に成長しました。東京湾に面した場所に、熱帯植物も含め世界中の樹木を育て続けることはそう簡単ではなく、ただならぬ情熱と創意工夫が求められるものだと思います。

植物はただ雑然と植えてあるわけではありません。もちろん、目隠しのために植えたり、日よけや風よけ、音消し効果を狙ったりしているものもありますが、それぞれの場所ごとにテーマやストーリーを表現しています。

たとえば、東京ディズニーランドのシンデレラ城前のプラザに目を向けてみてください。「オリーブ」の大木が何本も植えられています。オリーブは平和の象徴。これは多くのゲストが集う平和の広場という願いの表れなのです。ご存知の方も多いと思いますが、世界の平和を目的として活動する国際連合やユニセフの旗には、平和の象徴としてオリーブの木が描かれています。

アドベンチャーランドは植物の宝庫です。ニューオーリンズスクエア前には20センチ近い真っ白な花を咲かせる「タイサンボク」の巨木があります。タイサンボクはアメリカ南部の木で、ミシシッピー州の州花でもあります。常緑で大らかな枝ぶりと、花の豊かな香りが見るたびに心を癒してくれました。まさにニューオーリンズの街に相応しい風景を作りだしています。

アマゾン川からナイル川、そしてイワラジ川、ガンジス川へと探検するジャングルクルーズ。何回乗船してもスリリングでスキッパー（船長）の案内はユーモアがあって楽しめます。乗船場のヤシの木は、トタン屋根を突き破って青空に伸びていて、迫力満点です。

ジャングルに密生する数々の熱帯植物は冬になっても枯れることはありません。なぜでしょうか？　地中に暖房が埋設してあるというトリビアな話がありますが、正解は、熱帯地方から直接移植しないで少しずつ寒さに慣らし、植物の持つ環境への順応能力を高めながら植え込んだということです。いかに厳しい環境であっても、生きぬく力があればたくましく成長できることを植物たちは教えてくれます。

アドベンチャーランドからウエスタンランドへ向かうと「ダイヤモンド・ホースシュー」があります。その手前に「Painless Dentist～Dr. I Teethe」という看板が下がっているのをご存じでしょうか？「痛くない歯医者」さんです。

そして、その近くには赤い花の「ブラシノキ（木）」があります。コップを洗うにはちょうどいいサイズですが、ここには「歯磨きしないと虫歯になるよ」というメッセージが込められているのです。茶目っ気があるでしょう。

ウエスタンランドのビッグサンダーマウンテンの入口付近には「ハシラサボテン」が植えてあり、いかにも西部開拓時代に相応しい風景を作り上げています。

ホーンテッドマンション前の「カイヅカイブキ」などはいかにも幽霊屋敷に相応しく、おどろおどろした雰囲気に仕立てられています。植物ひとつにも意味を持たせるのが、ディズニーのテーマとストーリーに対するこだわりなのです。

しかし、テーマとは少し異なる趣旨で植えられた木がワールドバザールをぬけた場所にあります。「ソメイヨシノ」です。

実はこのソメイヨシノは、東京ディズニーリゾート開園後、しばらくたってから仲間に加わりました。桜＝和風、季節感が強すぎることなどの理由で躊《ちゅう》躇《ちょ》していたのですが、日本の美しさを伝えたいと考え、敬意を表してしばらくしてから植えることになりました。これは、アメリカ発のディズニーランドが日本のディズニーランドを世界に誇れる素晴らしいパークであると考え、とった行動の一つ。東京ディズニーリゾートの素晴らしさが、ディズニーの基本スタイルを動かしたのです。

ストーリーの背景やキャラクターの性格を花や植物で表現する

ディズニーリゾートには植栽担当の専門のキャストがいます。東京ディズニーランドにはおよそ２００ヶ所の花壇があり、どんな花壇にするか、花をいつ仕入れ、いつ植えるか計画を立てて、パークに「華」を添えています。みなさんがお住まいの地域の公園に咲く花と違って、ディズニーの花は、いつでも満開。ゲストのワクワク感を醸成させてくれます。

シンデレラ城やファンタジーランドに植えられた「トピアリー」も欠かせない存在です。トピアリーとは、樹木を刈り込んで作られた造形物で、ヨーロッパでは古代ローマ時代からある技法のようです。

特にファンタジーランドには、子どもたちも大好きなキャラクターの形をしたトピアリーがたくさんあり、想像力を刺激してくれます。「これはどのキャラクターかな？」と、子どもと一緒に想像するだけでも楽しいものです。

では、トゥモローランドはどうでしょう。宇宙と未来の国ですから、植物などないのでは、と思う方もいらっしゃるかもしれませんね。残念ながらあります（笑）。ただしトゥモローランドに相応しい真四角に刈り込んだ木を配していて、なんとなく未来の雰囲気を感じさせてくれるのではないでしょうか。

東京ディズニーシーのケープコッドにあるアント・ペグズ・ヴィレッジストアはダッフィーのお店で有名ですが、その隣にはペグおばさんが栽培している新鮮な野菜いっぱいの畑があります。また、東京ディズニーランドのクリッターカントリーにも、ビーバーなどの小動物達が栽培している野菜畑があります。

このように、**花や木以外の植物を用い、徹底したキャラクターの生活感や性格を表現している**のです。パークの中に畑？　と思われる方も多いと思いますが、テーマとストーリーを表現するためには欠かせないものなのです。

緑の中でも「演じる」キャスト

では、そういった植物は、いつメンテナンスしているのでしょうか。休日？　いいえ、ディズニーのパークは年中無休なので、開園前に行っています。毎日、夜明けの頃から始まり、開園前にはほとんどの作業を終わらせています。

では、雑草を取ったり、植物を植えているキャストをご覧になったことのある方はいらっしゃいますか。おそらく多くの人はNOだと思います。メンテナンスを行うキャストは緑のコスチュームに身を包み、植物の中にいてもわからないような姿をしているからです。まるでカメレオンのようですね。パークのテーマを壊さないように、着用するユニフォームにも気を配っているのです。

そして、開園前は地面に綺麗なブルーシートを敷き、開園中の作業では靴を履き替えて、常に路面を汚さないよう注意深く気を配り、作業にあたっています。

これはキャスト同士が協力し合い、パークを作り上げていくという**チームワーク精神の表れ**なのです。

90%以上のリピーターを呼ぶディズニーリゾートのおそうじ

〝赤ちゃんがハイハイできるくらい〟清潔で安全にする

「**毎日が初演**」。これがディズニーの目指す品質です。パークもキャストも、毎日リセットして新鮮な状態でゲストをお迎えすることが、ディズニーの流儀になっています。

その考えを最も忠実に、しかも愚直なくらい実行しているのが、深夜の清掃作業を行う「ナイトカストーディアル」という仕事です。ゲストのみなさんが目にするのは、白いコスチュームにトイブルーム（ほうき）とダストパン（ちりとり）を持った「デイカストーディアル・キャスト」ですが、彼らの清掃の仕方では、毎日が初演の舞台づくりは不可能です。そこでナイトカストーディアルが閉園後に徹底した清掃を行い、パークオープン時に「赤ちゃんがハイハイできるくらい」清潔で安全な状態まで仕上げます。特徴的なのは、エリアホージング作業です。園内各所にセットされた散水栓から太めのホースを使い、路面の汚れや土砂を洗い、清める作業をおこないます。かなりの力仕事で、慣れないうちは上手く操作できず、手首や腕がパンパンに腫《は》れあがることもしばしばです。この作業は年間を通して行っていて、冬の夜は、流した水が凍りついてしまい、いっそう作業が困難になることもあります。ただ、凍結しないように様々な工夫をしたり、もし凍ってしまっても解凍する方法を考案してまで清潔さにこだわり続け、ゲストの安全とパークの品質維持に努めているのです。

当初、凍ってしまった時には、もう一度お湯をかけて氷を溶かしましたが、この方法ではまたすぐに凍結が始まり、歯が立ちませんでした。しばらくたってから、風力で乾燥させ、凍結を飛ばすやり方がもっとも有効だという発見がありました。風が強い日には寒くても凍りにくいということからヒントを得ての発見だったのです。面白いですね。

便器に「ビデ」がついていない理由

また、今どき便器に洗浄器が付いていないところは滅多にありません。しかし、ディズニーのレストルームはシンプルで何も付いていない便座ばかりです。これは一体どういうこと？　と思われる方も多いのではないでしょうか。

これにもきちんとした考えがあります。レストルームは衛生面が最も重要なテーマになります。ともすると、感染症などの温床にもなりかねない場所ですから、徹底的に清潔に保つ必要があります。そのため、毎夜、ナイトカストーディアルでは大小便器はもちろん、壁面も腰の高さくらいまでを滅菌洗剤で水洗いしています。そのために、電子機器が付設してあるような洗浄タイプの便器は使えません。**利用者の利便性よりも衛生面を選んだ**というわけです。何しろ、安全安心を第一に考えることが運営の基本ですから。

なぜ、ここまでするのでしょうか。それは、ディズニーのパークが、人間と同じように汚れを洗い流してもらい、フレッシュな状態で翌日を迎えることになっているからです。「毎日が初演」のステージ作りのためには、ホージングという〝リフレッシュ〟は欠かせません。神聖な芸術作品を洗い、清めるような気持ちでナイトカストーディアルのキャストは作業に向かい続けるのです。

すべては、ゲストのハピネスのために。

汚れる前にそうじする

よく企業などで、「本音とタテマエ」が語られますが、ディズニーに「タテマエ」は存在しません。ゲストのハピネスにとって良い（グッドショー）か、悪い（バッドショー）か、のどちらかで判断します。「安全か」「礼儀正しいか」「ショー的には問題ないか」「機能的でベストな方法か」という規準で判断します。まあまあとか、ほぼ……などと言った曖昧な判断はタブーなのです。

また、同じくゲストのハピネスを達成するためには**「絶対に妥協しない」**という姿勢がプロとしての自覚をよりいっそう強くし、30年続く東京ディズニーリゾートブランドを守り続けているのだと確信しています。

一般的に、清掃は汚れてはじめて行うものです。一方、カストーディアルの考えは逆です。「**汚れる前に清掃する**」という確固たる信念があります。毎日夜通しの大掛かりな清掃と日中の清掃。基本的には24時間継続的に清掃をし続けています。言い換えれば、３６５日休園日がありませんから、切れ目なく永遠に清掃は続いて行くということです。日中のスイーパー（掃き掃除）は15分サイクルで、レストルームの清掃は45分サイクルで巡回します。今日はゲストが多いから……。天気が悪いから……。などと言って手をぬくことは許されません。

ディズニーには、妥協しない気風が浸透しています。おそらく、**ディズニーに対するロイヤルティーとキャストとしてのプライドがあるから**だと思います。

「自分はこうする」という背骨があれば、どんな状況であれ、揺らぐことはありません。

ぜひお子さんにもこういったディズニーの考えに触れる機会を持っていただけるとよいのではないかと思います。

日々の努力の積み重ねが信頼を勝ちとる

消えた非常口

非常事態に備え、どんな建物にも設置されている「非常口」のマーク。緑色の人間が何やら走っている姿をしたあれです。ディズニーリゾートのアトラクションやシアターにももちろん存在するのですが、実は平時の運行中、誘導灯の電気を消しています。開園当初は点灯していたのですが、いつ頃からか消されるようになりました。

非常口の表示は義務づけられているのに、なぜそれができるのでしょうか？

それは、「**信頼**」があるからです。

ホーンテッドマンションでビークル（乗り物）に乗ってドキドキしながら進む途中、非常口のランプが見えてしまうと、なんだかがっかりして夢が覚めてしまいませんか。そのため、電気を消すことで、ゲストに非日常の世界を楽しんでもらっているのです。

ディズニー専用の消防隊

ディズニーのパークには、災害からゲストを守る専用部隊「ファイアー課」がおり、日々、万が一に備えて点検・訓練を率先して行っています。火災を未然に防ぐため、施設や消防設備の点検活動や避難・誘導を含む防災訓練、災害時の安全確保、それらを実現するための用具の設置など、24時間態勢で勤務にあたっています。ファイアー課は、〝**ディズニーリゾート専用の自衛消防隊**〟なのです。

本来であれば、こういった安全管理の仕事は、外部に委託するのが普通です。火災が起こる頻度を考えれば、人件費などのコストの方が多くかかりますから、やらないところの方が多いかもしれません。しかし、ディズニーは人口15万人規模の都市だという見方もできます。円滑に都市機能を維持するためのライフラインや各種の機関が必要になるわけです。さらに、ゲストにハピネスを提供し続けるという使命があります。そのためには華やかなオンステージの世界をバックアップするための機能も不可欠です。その一つとして、自衛消防隊ファイアー課が存在しているのです。本格的な消防車もあり、いざという時のための備えは万全ですが、それ以上に、何かが起きてしまう前に点検や訓練といった手を打つことで、安心して楽しめる場を作っているのです。

こういった日々の活動が評価され、特別にランプを消すことを認めてもらいました。もちろん、電気を消していても、万が一の際に備えて表示がつくかどうかは毎日点検して確認しています。こういった**細部にまでこだわる姿勢が、**

ディズニーのブランドを作り上げていると言えます。

「信頼」に裏付けされたブランドを確立することは、一朝一夕ではあり得ません。日々の努力の積み重ねにかかっているという点は、大人も子どもも一緒なのではないでしょうか。

「完璧」を演出するディズニーの魔法

工事に気づかせない工夫

ディズニーには「リハブ」という言葉があります。これは、「リハビリテーション」の略語です。

ディズニーのパークの中にあるアトラクションは、どのアトラクションも必ず年1回、大掛かりな安全点検と修理を行います。ビークル（乗り物）のシートをすべて張り替えることもありますし、コースターの軌道交換や建物のリペイントなども行います。また、毎年ではないものの、ジャングルクルーズやアメリカ河の水を抜いて河底清掃なども行います。

工事はオンステージから見えないように目隠しフェンスなどで囲います。そして、開園中には工事の音はショーを台無し（バッドショー）にしてしまうので、夜間作業を中心にします。開園中の作業でも、音が出ないような工事をするか、音が出ない方法を採用して、あくまで**〝非日常の完璧な世界〟（グッドショー）の演出を徹底します**。

新アトラクションの建設などの場合、基本的にはクレーン車などの重機を使った工事は夜間に行うことにしていますが、どうしても周りのフェンスから飛び出してゲストの視野に入ってしまうような場合には、クレーン部分を空色に塗装して、景色になじむようにします。普通、そんなことまでやる必要性を疑ってしまうものですが、それがディズニーなのです。

「そういえば、クレーン車を見たことがない」と思う方もいらっしゃるのではないでしょうか。

また、ちょっとした工事の際も必ずフェンスをします。ゴミ箱同様、ウエスタンランドで工事をするときは木目調の囲いを、トゥモローランドで行うときはメタリック調の囲いをそれぞれ採用し、工事を行うため、ゲストはふだんと変わらず楽しんでいただけるようになっています。

人を動かすのは情熱と言いますが、こうした部分休業というネガティブな場面においても〝本気〟で対応することが、ゲストの心地よさを阻害することなく、心をつかみ続けているのです。

青空を背景にした巨大な360度パノラマのステージ

劇場やコンサートホールなどでは、舞台上の演者と観客が対峙《たいじ》し、エンターテイメントを楽しみます。ディズニーは、青空を背景にした360度のステージで、キャストとゲストが一緒になってエンターテイメントを作り上げていきます。まさに、その光景は「祭り」のような感覚ではないでしょうか。

夏休み期間中のイベントは〝水〟がテーマ。東京ディズニーランドでは、ステージから大量の水を放水して、ゲストたちはずぶ濡れになりながらショーを楽しみます。同じく東京ディズニーシーでも、海から放水してゲストはずぶ濡れになり、うれしそうにはしゃいでいます。

当初、ゲストに放水するなどと言うことは不謹慎ではないかという議論が交わされましたが、それはすっかり杞憂に終わりました。

また、今ではすっかり定着した〝ハロウィーンイベント〟の仮装も、当初は奇抜すぎるものや、ディズニーキャラクターを冒涜《ぼうとく》するような仮装など問題が多く、躊躇しました。しかし、何よりゲストが楽しく過ごしている姿がパークをより華やかに彩り、大いに盛り上がる、集客力のあるイベントに成長しています。ゲストの中には1年前から翌年の仮装が楽しみで、準備に取りかかる方も多いとか。夢のあるイベントだと思います。

このように、ディズニーのパークは360度のゲスト参加型のステージで、何度でも行ってみたくなるパークづくりの大きな要素のひとつになっています。

何も計画のない状態で行くこともかまいませんが、イベントや季節によっては事前に計画を立てたり、工夫するのも、楽しみの一つではないかと思います。

ゴミをゴミで終わらせない工夫

日本では一般的に環境対策を「エコ対策」などと呼んでいますが、ディズニーでは「エンバイロメント」と言っています。環境対策は人類社会に対する企業の使命として、行わなくてはならない重要施策だと言えます。

そのひとつにゴミ問題があります。パークを15万人相当の都市と考えれば、それなりのゴミが発生します。カストーディアル（清掃部門）の重要な業務がゴミ処理です。リデュース（減らす）・リユース（くり返し使う）・リサイクル（再資源化）を3Rと言っていますが、この手法を徹底して成果を上げています。

東京ディズニーランドと東京ディズニーシーの2パークになるまでは、ゴミのリサイクル率は40％前後だったように記憶しています。しかし、現在は70％

台まで増えています。レストルームのハンドペーパーからドライヤーへの変更、伐採ゴミ、ペットボトル、ペーパー類のリサイクル、食品ゴミの堆肥化というような対策を次々に実行し、成果を上げてきました。

バックステージには各ランドにゴミの中継基地があり、大規模な工場がありま す。まるで都市と同じ様な機能が備わっているということもわかっていただけたでしょうか。

環境対策は多大なコストがかかります。経営の観点から見ると厄介なテーマであることは言うまでもありません。しかし、企業は社会との信頼の絆の上に成り立っています。社会に対するアクションは企業にとってコスト以上に大切なものなのです。

キッザニア　大人の世界を体験できる子どもの国

「働くお母さんのための託児所を作りたい」

キッザニアは、メキシコで誕生した子ども向けの職業体験型テーマパークです。ＡＴＭ社の社長兼ＣＥＯのハビエル・ロペス氏が33歳の若さで立ち上げたのがすべてのはじまり。世界第１号のキッザニアは、メキシコシティーのサンタフェにあります。

ロペス氏は１９６４年４月４日生まれ。ウォルト・ディズニーが65歳でこの世を去ったのが１９６６年12月15日ですから、当時はわずか３歳。ウォルトとは丸々一世代の隔たりがあることになります。

大学院修了後、経営コンサルティングや金融の仕事に携わっていたロペス氏がキッザニアの事業に取り組むきっかけとなったのは、友人の「働くお母さんのための託児所を作りたい」という相談でした。ただ子どもを預けられるだけなく、子どもがそこにいる間、街のさまざまな機能を体験し、遊びながら学べるテーマパークを創ろうという構想が、そこから生まれたのです。シングルマザーの多いメキシコならではの発想とも言えるでしょう。

1999年9月にオープンしたキッザニアサンタフェ（メキシコ）は、それから10年以上を経た今もなお、子どもたちに人気のスポットです。現在は同様のしくみのテーマパーク、キッザニアが、世界9ヵ国、12ヵ所（2013年春現在）で展開されています。キッザニア東京、キッザニア甲子園も、もちろんその一つです。

「3分の2サイズ」がキッザニアサイズ

キッザニアでは、子どもたちが大人の世界を十分に体験できるように、一つひとつの店舗や設備、街全体の様子などをリアルに再現することにこだわっています。子ども向けだからといって、けっして幼く愛らしいデザインに仕立てられてはいません。

また、身体の小さな子どもでも動きやすいように、建物や設備のサイズは実物よりやや小さめ。実際の街の３分の２のサイズに創られています。国によって子どもの平均身長に差はあるものの、このサイズは世界共通です。

入場ゲートが空港カウンターである点も同じです。「こどもが主役の特別な国に入国する」という設定ですから、どのキッザニアでも、入場時には必ず空港で入国する手続きを済ませます。

ただし、航空会社が国によって異なるのが面白いところ。キッザニアサンタフェの空港カウンターはアメリカン航空、キッザニア東京では全日空です。

おままごとでは得られない「本物の体験」

お仕事の内容も、国ごとに異なります。子どもたちが身近に感じられて、興味を惹かれる仕事でなければ意味がないからです。メキシコのキッザニアには、日本ではなじみがなくても、現地ではポピュラーな仕事、たとえば遺跡の発掘や靴磨きなどもラインナップに加えられています。

子どもたちが楽しみながら学べる場所、「エデュテイメント」というコンセプトを追求するためには、ポピュラーな仕事でありながらも、リアルであることが重要です。おままごとのようなものや明らかに作り物とわかるものを使って体験しても、そこに真剣さは生まれず、本当の意味での「体験」にはならないことでしょう。

そのため、食品を販売したり製造しているパビリオンでは実際の食品を扱っていますし、医師や獣医師としての体験ができるパビリオンでは、本物の人間の内臓が動いている映像を使ったり、まるで生きているかのように動く動物に触れるなどの仕掛けがあります。

　意欲いっぱいで外科医のアクティビティに参加したはずの子どもが、生々しい人間の内臓の映像を恐がって、最後までお仕事に従事できないケースもあります。リアルな世界に触れるということは、子どもたちの興味を満たせる良さもある一方で、現実を突き付けられる厳しさもあるのです。

　ただ、だからこそ、大人の世界に一

歩近づけるとも言えるでしょう。少し背伸びをして、そういう体験をすることで、**子どもに自立心が芽生えることも事実です。**まさに、ロペス氏の事業立ち上げの狙いどおり、「子どもが遊び、楽しみながら学び、成長できるテーマパーク」としての役割を果たしています。

お父さん、お母さんが働くことと暮らしの関係を知る

はじめて味わうお金の重み

キッザニアは職業体験型のテーマパークですから、お仕事をすればもちろん、報酬を受け取ることができます。

お金は、「円」ではありません。キッザニアだけで使える特別な通貨で、「キッゾ」と呼ばれます。だからといって、「なんだ、オモチャのお金か」と侮《あなど》ることはできません。キッザニアという国の中では、「キッゾ」でモノを買ったり、サービスを受けたりできますから、子どもにとっては大人が想像する以上に現金に近く、重みのある存在。たくさん貯まれば、もっと欲しくなることもありますし、少なくなれば、心細い思いもします。万が一失くしたり落としたりしてしまったら、それこそ子どもにとっては一大事。あやまって失くしてしまい、悲しい思いをする子も少なくありません。

子どもは3、4歳になる頃には、幼いながらも、お父さんやお母さんが仕事をすることで、ごはんが食べられたり、洋服を着られたりする生活が成り立っていることを何となく理解しているようです。しかし実際に、自分たちが何かを考えたり、手を動かすことで人の役に立ち、その結果、報酬をもらえるという体験をしてみてはじめて、仕事と生活が結びついていることを実感できるのではないでしょうか。

たくさんのお仕事をすれば、それだけ多くの報酬が得られて、使い途も幅広くなることを覚えることができるのです。

お金を手にすれば、行動が変わる

あなたははじめて給料を受け取ったとき、どんな気持ちになりましたか。現金にせよ、銀行振込にせよ、報酬を受け取ってはじめて、それまでの期間、自分が働いてきたことの意味を感じられたのではないでしょうか。

大人になり、世の中のしくみ、とりわけ経済のしくみがわかってからの体験ですら、それは印象深いはずです。ましてや、世の中のことについてこれから知ろうとする子どもが、疑似とはいえ自分で体験するのですから、人生初の大きな出来事になると言ってさしつかえないでしょう。

実際、子どもと一緒に来場した保護者の方から、「キッザニアに行ってから、子どもの様子が変わりました。自分から進んで家の手伝いをするようになりました」という声を聞くこともよくありました。これは間違いなく**子ども自身が、自分で身体を動かして何かをすることによって、人の役に立ち、人の喜びにつ**

ながるということを実感した結果ではないでしょうか。そして、そういった因果関係があるからこそ、労働の対価として報酬を得られるということも自然と飲み込めるようになるのです。

働いてお金を稼ごうという動機が生まれる瞬間

ある兄弟は、キッザニア東京のデパートで売られている天体望遠鏡の値段を見て、あることを決意します。兄弟で協力して、その天体望遠鏡を買おうと思いついたのです。価格は、4000キッゾ。この国で販売されている商品としては、破格の値段です。

▼欲しい商品を見つける
▼手に入れるにはどうすればいいか考える
▼お金を稼ぐという方法に気づく
▼兄弟2人でたくさんのお仕事を体験し、協力して必要なお金を貯める

彼らはまずこのように、この国の経済に照らして自分たちで方法を見つけ、実行しました。来場する度に一生懸命仕事をし、報酬として受け取ったキッゾをコツコツ貯金して、ついには購入したのです。

４０００キッゾもの金額を貯めるのは、そう簡単にはいきません。兄弟で給料とトラベラーズチェックを全部貯金したとしても、25回は来場しなくてはなりません。そう考えると、親は、単純に入場料分のお金で望遠鏡を買ってあげることもできたでしょう。子どもも、簡単に欲しいものが手に入った

ことでしょう。

しかしそれが本当に、子どものためになるのでしょうか。

単に、「買う」という一つの選択肢しか身に付かない可能性もありますし、別の場所で、別のものを欲しいと思ったとき、どうにか手に入れるために「考える」という機会を失うことになります。買いたいものが見つかったとき、働いてお金を稼ごうという動機が生まれることは、子どもにとって、これからの社会を生きぬくうえで必要な力です。

もちろん、経済のしくみに触れるといっても、テーマパークですからインフレもデフレもありません。株価の高騰や暴落、外貨レートなどを体験することもありません。それでも、経済感覚を養うための貴重な体験になることは間違いないでしょう。

そういった意味でもキッザニアは、**子どもたちが経済のしくみに触れる機会を現実に近い形で提供できる、唯一無二のテーマパーク**と言えます。

夜の街で子どもは「一人前」になる

「独立の泉」に込められたキッザニアの想い

キッザニアは、子どもが大人になりきって楽しみながらお仕事を体験できるいわば「エデュテイメントタウン」。この国では子どもを、お仕事をする「一人前の大人」として扱います。その象徴となるのが、「独立の泉」。キッザニアを語るうえで、欠かせないモニュメントです。大人の世界からの独立を記念するこの「独立の泉」は地球儀の形をしていて、「世界の子どもたちと未来の世界を作っていく」という想いが込められています。子どもが完全に自立した大人として扱われることは、キッザニアの精神の根幹を形づくるうえで、大切なことなのです。

多くのテーマパークでは、子どもよりも大人の入場料金の方を高く設定してありますが、キッザニアでは、料金についても子どもが主役。子どもの入場料金は、大人に比べ、高く設定してあります。

「教える」ではなく「伝える」

運営に携わるスタッフ（スーパーバイザー）たちは敬語を織り交ぜ、まるで大人と接するように子どもたちと接します。キッザニアでは、子どもだからといって、なれなれしい言葉遣いや、いわゆる**〝上から目線〟の言葉遣いをしないのがルール**。子どもに何かを教えるとき、「教える」と言わずに、**「伝える」**と言うのも、子どもを一人前に扱っている証拠と言えるでしょう。さらに、子どもが何かを「できない」と言った場合には、「なぜできないの？」ではなく、

「どうしたらできると思いますか？」と呼び掛けて子ども自身に考える機会を与え、解決へと促すのも特徴と言えます。

もちろん、子どもの年齢によっては、端から見ていて「大丈夫かな？　自分でできるかな？」と危なっかしく感じるケースも多々ありますが、そういうときはスーパーバイザーが頼りになります。彼らは子どもに「少しお手伝いをしてもいいですか」と声をかけ、あくまで**子どもが自分でやり遂げるための手助けをするようにしています。**

自立心を養う夜の街

なぜここまで、大人として扱うことに力を入れるのでしょうか。

それは、子どもたちに「自立心」と「生きぬく力」を育てることと関係があります。

キッザニアはオープン以来、さまざまな社会体験を通して、子どもたちが

「生きる力」を育むことを一貫して目指してきました。キッザニアの中で子どもたちは、子どもであって子どもではありません。**「大人」として、子どものうちから自分で決め、動くことで「自立心」を養い、未来を「生きぬく力」を育てることを目標にしているから**なのです。

大人扱いへのこだわりは、街並にも表れています。

朝や昼の街は、子どもたちが通学の際、当たり前に目にしますが、夜の街は昼間とは違い、大人だけが味わうことの許される、子どもにとってはまったく新しい世界。いわば、「憧れの象徴」でもあります。そこで大人と同じように仕事をする立場になれるからこそ、ただ遊びの延長として仕事をするのではなく、大人の世界の疑似体験をすることにもつながります。

夜の街こそ、子どもが「子ども」という殻をぬけ出し、一人前の大人として振る舞うためにふさわしい場所なのです。

第２章　子どもたちの好奇心をかき立てる
ディズニーとキッザニアのしくみ

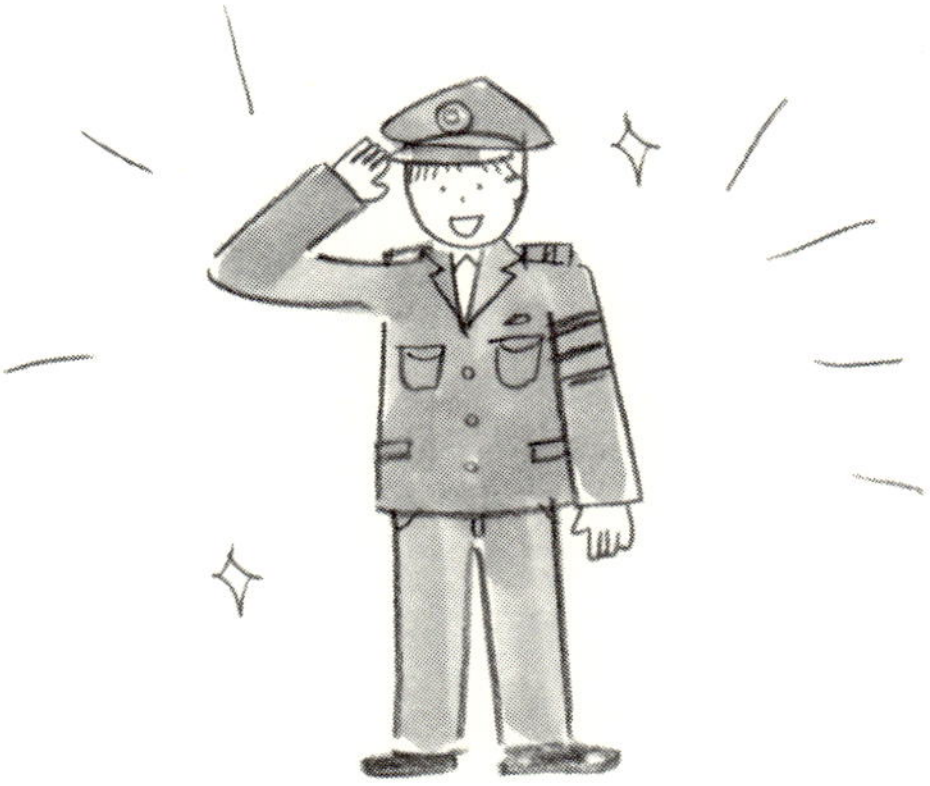

体験できるお仕事は90種類以上　夢中になれる環境づくり

お金を得る、お金を使う、両方体験できる場所

キッザニアでは、空港や銀行、お菓子工場や消防署など、約60種類のパビリオン（お仕事体験をする場所）が街並みを作っています。それぞれにスポンサーがついていて、たとえば銀行は「三井住友銀行キッザニア支店」など、実際にある企業名がつけられています。

来場した子どもたちは、ここでさまざまなアクティビティを体験します。

仕事をするということは、そのサービスを受けるお客様もいるということ。

たとえばビューティーサロンのお客になると、化粧をしてもらうことができます。お金をもらうだけでなく、**「使う」体験もできる**わけです。

人生初の〝社会進出〟

アクティビティのベースになっているのはロールプレイングです。お仕事を体験する場合、各パビリオンで子どもたちに与えられる役割は新入社員。そして、子どもたちをサポートするスーパーバイザーが入社３、４年目という設定で、彼らの少し先輩の役割を果たします。先輩社員が新入社員たちに仕事のやり方を伝え、新入社員たちが実際に自分でそれをやってみる。そういった形で仕事を体験するのです。

そこでは、先輩社員と新入社員との間、そして新入社員同士にもコミュニケーションが生まれます。初対面の子ども同士が友達になったり、小さな子どもは大きな子どもの真似をしながら仕事のやり方を覚えたり、大きな子どもが小さな子どもをサポートしたりと、いろいろな関係も生まれます。**単なる職業体験ではなく、現実世界にも起こりうる体験をすることができるのです。**

かつて子どもたちは、大家族の中で、あるいはさまざまな年齢の地域の子どもたちが一緒に遊ぶ場で、自然と役割を与えられ、その責任を果たす場面が多くありました。しかし現代の日本では、ご存じの通り核家族化、少子化が進んでいます。都市化の進行による治安の問題、放課後の塾通いなどさまざまな生活の変化によって、外で地域の子どもたちが一緒に遊ぶ機会もほとんどなくなりました。その結果、年齢の違う子どもたち同士がコミュニケーションを取れる場面は極端に減っています。コンピューターゲームの普及により、子どもたちのライフスタイルは、外で遊ぶという選択すらなくなってきつつあります。

こうした中で、年齢やバックボーンの違う初対面の子どもたちと〝同僚〟としてのコミュニケーションを取り、たとえ数十分という短い間であっても人間関係を築いていくことは、「人生初の体験」となる場合も多々あります。**子ど**

もにとって〝はじめての社会進出のチャンス〟と言っても、過言ではありません。

自分の役割を与えられることで、子どもは自ら考え、責任を果たすことを考えるようになります。実際に自分の手を動かして作業をすることで、何かを成し遂げるという感覚を覚えるわけです。〝先輩〟や〝同僚〟との人間関係の築き方など、社会に出たときに必ず出会うであろうさまざまな場面にはじめて遭遇することで、その対処方法を一足早く培い、開花させるチャンスに恵まれるのが、キッザニアのアクティビティだと言えるでしょう。そこにあるのはまさに、子どもにとって「自分を鍛える、小さな小さな社会の荒波」でもあるわけです。

はじめて手にするお金をどう使うか

貯めるのも使うのも、子ども次第

キッザニアでは、入国時、子どもたちは当座の資金としてトラベラーズチェック50キッゾ分を受け取ります。自分の自由にできるお金を、入国と同時にまず手に入れるわけです。敷地面積約6000㎡のキッザニアの敷地内には、お金を稼げるパビリオンもあれば、お金を使えるパビリオンもあります。お金を増やすのか、使い切るのかは、自分次第。街の中には銀行もありますから、預金もできます。そのまま〝現金〟としてキッゾの紙幣を財布に入れて持ち歩く

こともできますし、銀行でキャッシュカードを作り、ＡＴＭで出し入れするこ
とも自由。電子マネーセンターで電子マネーを作り、その中にキッゾをチャー
ジして使うこともできます。

お金をどう扱うかというところは、子どもの個性によっていろいろですが、
国による傾向も見られます。たとえばメキシコのキッザニアでは、子どもたち
は入国時に手にしたお金をすぐに使ってしまい、お金がなくなってはじめて、
新たな収入を得るために、仕事を探し始めるというケースが多く見られます。

一方、日本のキッザニアでは、子どもたちは最初に受け取ったトラベラーズ
チェックは大切に持っておいて、入国後すぐに仕事に就きます。稼いだお金は
すぐに使わず、銀行で大切に預金する子どもが多いのが特徴です。

お金の使い方を選びぬく

先にお伝えした天体望遠鏡を購入した兄弟のように、お金を稼ぐ目的を決め

て一生懸命働き、預金する子どももいれば、特に目的を定めず、ただ札束が厚みを増していく感覚を楽しんでいる様子の子どももいます。銀行に来る子どもでも、所持金のほとんどを預金に回す子どももいれば、紙幣をほんの1、2枚だけ預けて、あとは束にして持ち歩く子どももおり、そのスタイルは本当にいろいろです。

もちろんお金の稼ぎ方、貯め方、使い方に正解はありません。すべて、子どもの意志に委ねられています。どのような計画を立てるのか。あるいは計画なんてまったく立てずに行き当たりばったり、刹那的な生き方をするのか。お金をどういう形で持てば便利だと考えるのか。稼いだお金を使うのか、使わないのか。子どもは一つひとつを自分で考え、選択していくのです。仕事を体験する現場や、お金を稼いだり預けたりするしくみがリアルなだけに、子どもも真剣に選択することを迫られます。そこがなかなか厳しいところでもあり、楽しいところでもあるわけです。

親の役目は子どもの意志が芽生えるのを待つこと

中には、子どもが稼いだキッゾを「落としてはいけないから」と財布ごと預かり、まるで自分のもののように管理する保護者や、「20キッゾだけ銀行に預けて、後の10キッゾは自分の手元に残しておきなさい」と子どもに指示をする保護者も、頻繁に見かけます。

入国時に当座の資金を手にする。足りないようなら、働く場所を見つけ、チャレンジする。**子どもが自分から「この国で生きていく」という思いを持ち、行動するからこそ、キッザニアのコンセプトが生きてきますし、子どもの考える力を伸ばすことにもつながっていくのではないでしょうか。**

子どもたちが大人の真似をして、ままごと遊びよりもっと真剣に、もっと夢中になれるように、キッザニアは街並みや設備、通貨のしくみなどをリアルにしています。リアルになった途端、ままごと遊びを離れて保護者が介入してきてしまったら、何にもならないと思いませんか。あくまでも子どもが自分の目線でそのしくみをとらえ、自分の考えを行動に移してこそ、キッザニアで生きぬく力を身につけられるのではないでしょうか。

最初はうまくできなくて悩んだり、イライラしたり、泣いたりするかもしれません。それでいいのです。手元にキッゾがなくて不便な思いをすれば、次からは銀行への預金の仕方を考えるでしょう。簡単にお金を使い果たしてしまって、本当にしたい買物ができなければ、仕事を探そうとするでしょう。

この国で生きていこうとする子どもの意志が芽生えてくるのを、大人が摘み取ってしまわないこと。それが重要だと思うのです。

シーズンごとに違うお仕事を体験できる場所

季節感を取り入れたお仕事の数々

街が季節ごとに装いを変えるように、キッザニアもまた、季節に合わせて姿を変えます。飾り付けやディスプレイでも季節感を表現しますが、アクティビティにも季節限定でその時期らしい内容を取り入れます。

たとえば、バレンタインデー、ハロウィーン、クリスマスといった子どもが大好きなイベントに合わせて、季節限定のアクティビティを10種類前後は用意しています。訪れた子どもたちはたとえリピーターであっても、飽きることなく新しいお仕事を見つけて体験することができるのです。

キッザニア東京の2013年バレンタインのイベント「ハートフルキッザニア2013」では、チョコレートを作る体験ができるパビリオン、チョコレートハウスが期間限定でオープンしました。ほかにも、料理スタジオで「デコチョコクッキーサンド」を、ベーカリーでチョコレートをはさんだクロワッサンを作ることができたり、新聞社で行う記者のお仕事の取材先にチョコレートハウスが追加されたり、飛行機の機内食にチョコレートデザートが加わったりと、チョコレートに関連した限定アクティビティが続々と登場しました。

クリスマスには、「環境の国のクリスマス」をテーマにイベントを開催しています。北欧からやってきた環境親善大使「グリーンサンタ」の見習いとして、自然の大切さを伝えるアクティビティが季節限定で加わるというのが、このイベントの大きなポイント。子どもたちにとっては特徴的な仕事を体験できるだけでなく、環境の大切さを学ぶチャンスでもあります。

このように、季節のイベントもまた、子どもたちの職業・社会経験と深い結びつきのある内容になっていて、楽しみながら学べるという点がキッザニアらしいところです。他のテーマパークで見られる、楽しくにぎやかに過ごすだけのイベントとは一線を画していると言えるでしょう。

たとえ訪れるのが1度だけだったとしても、その日、その時間を十分楽しむことができます。子どもはそこで人生初の体験をし、お父さん、お母さんはその体験に子どもがどれだけ感動し、変わっていくか、成長する姿を見守ることができるのです。

季節を知り、社会性を身につける

キッザニアでは、これまでの日常生活ではなかなか伸ばすチャンスがなかった自立心や責任感、社会性、コミュニケーションスキル、達成感といったものが、大いに触発されます。少し時間を空けて再び来場してみれば、また新しく子どもの能力が伸ばされ、次の成長、次の変化を見つけることができることでしょう。何度来場してもそのたびに子どものモチベーションを上げる演出が施されている点は、子どもの成長を見守る親の立場から見れば、非常に頼りになる存在と言えるのではないでしょうか。

子どもにとって、季節のイベントについての知識を得ることは、社会性を身につけるための大切な要素です。**社会に出て人と関われば、季節感に関する共通の話題を持つことが、人間関係を円滑にする潤滑油の一つになる**からです。その季節、そのイベントならではの街の雰囲気を体感することは、そういった意味でとても意義があると考えられます。

コラム2

いち押しアトラクション「ホーンテッドマンション」

東京ディズニーランドには、999 人の幽霊が棲むホーンテッドマンション（幽霊が出る邸宅）があります。とても芸術的でユーモアに富んだ、美しいアトラクションです。

ディズニーキャストはみんな笑顔で接してくれるのですが、ここで働くキャストの顔に、笑みはありません（陽気なキャストでは､テーマに合いませんからね）。コスチュームのカチューシャにはコウモリがいます。

途中に出会うガラス玉の生首の女性は、マダム・レオタといって、元ディズニーで働いていた実在の社員がモデルです。出口のところにも同一人物の小さいリトル・レオタがいて、何やら 1000 人目の幽霊を勧誘しています。｢急いで！　私たちの仲間になるんだったら、死亡証明書を持って来て！　あなたに死ぬほど来てほしいの……」ユーモアとパロディはまだ続きます。

出口の外にある墓標の文字は見逃せません。

「U.R.Gone」（you are gone: 君は死んだ）

「I.L.Be.Back」（I'll be back: また戻ってくるよ）

他にもゾクゾクするほどユーモアがいっぱいあるアトラクション、それがホーンテッドマンションなのです。

第3章

学校ではなかなか学べない！大人になって役立つ力

考える力

パンが好きなわたるくんの変化

ここで少し、知人のお子さんの話をしたいと思います。

ある日、5歳の男の子・わたるくんがキッザニア東京に遊びに行きました。彼はお父さん、お母さんと3人家族。ひとりっ子の甘えん坊です。パンが大好物で、その日キッザニアでは、ベーカリーのお仕事を体験することになりました。幼稚園に通うようになって甘えん坊だったわたるくんも、着替えや歯磨き、部屋の片付けなど、自分でできることもずいぶん増えてきました。しかし、何しろキッザニアは初体験。お母さんから離れてしっかりお仕事ができるかどうか、心配しながらの来場だったそうです。

ベーカリーでは、まずはパン職人のユニフォームに着替えます。調理用の白い上着と、背の高い白い帽子です。街で見かけるパン屋さんのいでたちにそっくりのユニフォームに、子どもたちは緊張しながらもテンションを高めていきます。

自分たちでパン生地に触りますから、手を洗い、衛生面でも十分注意しなければならないことをしっかり覚えます。さらに、パンの原料になる小麦を見て、触って、石臼で粉にする過程も学びます。今の子どもたちは多くの食品をよく知っていますが、果たして原料が何かを知らないというのはよくある話です。魚が海の中で、スーパーで売っているような切り身の格好で泳いでいると思い込んでいた子がいるという笑い話もありますが、さすがにパンに関しては、街でガラス越しにパンを焼く工程を見られる店もありますし、ホームベーカリーも普及しているので、粉から生地をつくり、それがパンになることはみんな知っています。しかし、小麦を挽《ひ》いて粉にするのは、子どもにとってはとても珍しい光景なのです。子どもたちは、みんな夢中になって石臼を見ています。

いよいよ自分たちでパン生地を成形します。パビリオンの向こうで心配そうに見守るお母さんを見ようともせず、わたるくんは作業に一生懸命。薄く延ばした生地をクロワッサンの形に丸めるのですが、スーパーバイザーや他の年上のメンバーたちの手元をみながら、それを真似るのに真剣でした。

最後はふっくら香ばしいパンと、キッゾで支払われる給料を受け取るのですが、その誇らしげな顔を見て、お母さんもまた誇らしい気持ちになったそうです。

その後わたるくんは、食卓に出てくるいろいろな食品やお菓子が何からできているのか気にするようになり、「これは何からできているの?」とお母さんに尋ねるようになったそうです。小麦の穂を挽いて粉にするということが、よほど興味深かったのでしょう。

大好きだったパンが、いくつもの工程を経て完成することにも驚いたようです。それまではお母さんとスーパーに買物にいくと、目についたお菓子を片っ端からねだっていたわたるくんが、あまりおねだりをしなくなったそうです。「お菓子も買っていいわよ」とお母さんが言うと、一生懸命、自分の食べたいお菓子をひとつだけ選んでいます。「いまは、今日食べる分を買うんだよ。だって、お菓子は作るのが大変なんだから」。あれもこれもと欲しがらずに、本当に欲しいものを厳選するようになったわたるくんが、ある日お母さんに、そんなふうに話してくれたそうです。

自分でパンを成形したほんの数十分をきっかけに、子どもの思いがいろいろな方向に及ぶようになります。これまで見えなかったものを見ようとしたり、知ろうとしたり……。知っていることが増えれば、それにふさわしい行動を取ろうとします。これが「**自ら考える力**」なのです。一度こういう捉え方をできるようになれば、それは日常生活の他のことにも波及していき、大きな力へとつながっていきます。

本質をつかむ力

小学1年生のりなちゃんの変化

次に登場するのは、小学校1年生のりなちゃんです。ある日りなちゃんは、小学校４年生のお兄ちゃんやお父さん、お母さんと一緒に、東京ディズニーシーを訪れました。よく晴れた初夏の週末でした。

パーク内は大変なにぎわい。アトラクションもレストランもショップも、どこに行っても列に並んで順番を待たなければならないことは、最初からわかっていました。

ちょっと短気なところがあるりなちゃん。この混雑の中、1日中機嫌よく過ごせるかどうかが、お母さんにとっては気がかりでした。お母さん自身も本音を言えば、人混みも行列も苦手です。しかし、楽しい時間のためにはそれも必要なことです。

東京ディズニーシーに限らず、ディズニーのパークのアトラクションすべてに共通していることですが、必ず「プレショー」「メインショー」「ポストショー」の3つが用意されています。アトラクションそのものを楽しむのが「メインショー」ですが、行列に並んで待っている間も、ストーリーとテーマに沿った演出が施されていて、そこが「プレショー」です。そして「メインショー」の後にも、余韻を楽しむ演出「ポストショー」が続きます。ディズニー通の間では、メインショーだけでなくプレショー、ポストショーも楽しむのが当たり前。プレショー、メインショーそれぞれのお気に入りランキングを作っている人さえいます。

りなちゃんのお気に入りは、映画『アラジン』をテーマにした「マジッククランプシアター」。三流マジシャンのシャバーンと、その召使いである少年アシーム、そして古いオイルランプから飛び出した魔人ジーニーがくり広げる、3D映像を駆使したシアタータイプのアトラクションです。ストーリーはシアターに着席する前から始まっていて、ここがプレショーにあたります。コブラのベキートが、スペースのセンターに置かれたかごの中から顔を出して、ストーリーを語り始めるのです。

メインショーを存分に楽しむためには、ベキートによるストーリーのイントロダクションは欠かせません。ゲストはここから、アラビアのエキゾチックな雰囲気に引き込まれていくわけで、ディズニー通の間でも特に人気の高いプレショーです。

ディズニーのパークには、たくさんのファンタジックなストーリーがあり、それをリアルに感じられる数多くの演出もありますが、それ以上の主張も強制もありません。しかし、不思議に癒されて、優しくなれて、笑顔になれる場所です。そういう意味では、遊園地というより動物園に近いのではないかと思っています。動物園では、物言わぬ動物たちの姿を見て、その営みの活力や厳しさ、弱肉強食の本性、親子の情愛などを感じられます。

そこには「無言の訴え」がたしかにあるのですが、その本質を自分から感じ取っていかなければ、それで終わってしまいます。その点が、ディズニーのパークで重要なところだと考えています。

最近の子どもは、学校や塾から絶えず「○○をしなければいけない」と言われて育っている子どもも少なくないため、そのまま大人になって社会に出ると、上司の指示がなければ動けない「指示待ち人間」になってしまうかもしれません。**自分から本質を感じ取る力があれば、遊びでも勉強でも仕事でも、クリエイティブに考え、自分からアクションを起こす力がきっと養われていくはずです。**

視野を広げる力

「違い」を認め、尊重し合う

大人の私たちの場合でも、ふつうに日常生活を送っているときは、世の中に多様な価値観があることは知っていても、意識するチャンスはそれほど多くはありません。特に日本は島国で、隣の人の価値観が自分とは違うということに、それほど敏感になる必要がないという事情もあります。ですから子どもに対しても、多様な価値観を見せたり、教えたりする場面がなかなかないのではないでしょうか。

世の中にはいろいろなバックボーンやライフスタイルを持った人たちが暮らしていて、それぞれの価値観を持っています。本来ならそのことを認識し、互いに尊重し合うことが大切なのですが、学校でも家庭でも、なかなかその必要に迫られないのが実情だと思います。

しかし、東京ディズニーリゾートやキッザニアであれば、学校や家庭では触れることのできないいろいろな国や民族、バックボーンの人たちと遭遇するチャンスが多くあります。

たとえばキッザニアでは、一緒に働く仲間をあらかじめ選ぶことはできません。どんな構成になるのかは、その日に集まってみなければわからないのです。

3歳と15歳の子どもたちが一緒にアクティビティに参加することもありますが、どちらも立派な〝新入社員〟。少しだけ先輩のスーパーバイザーから説明を受け、同じお仕事に取り組みます。

子どものときは、たとえ小学生同士だとしても、学年がひとつ違えば、知識や技量はもちろん、精神年齢にも大きな差が出てきます。そこをあえて一緒に活動するわけですから、子どもにとっては衝撃で、場合によってはストレスすら感じるかもしれません。

子どもたちはさまざまなエリアから訪れますし、外国人の家族も数多く来場します。国籍、宗教といったバックボーンも言葉もまったく違うメンバーと、同じ仕事に取り組みながら、同じ時間を過ごすことになるわけです。ただ、最初は戸惑ったとしても、みんなが違うものの見方をするということや、ふだんのライフスタイルが違えば、同じことをしても、少しずつアプローチの仕方が違うということに何となく気づくはずです。はっきりと認識し、言葉で説明するところまでは到達しないかもしれませんが、それでもこの「何となく気づく」ということが視野を広げると思うのです。

立場の違う人と接するという体験

そもそも、人の立場に立ったり、その人を尊重する気持ちがなければ、人に対する思いやりや優しさも生まれようがありません。そのスタート地点として、人はみんなそれぞれの生き方をしていて、いろいろな価値観を持っていることに子どもが自ら気づくというのは、大切なことです。

東京ディズニーリゾートでは、キッザニア以上に多くの国や地域から、幅広い年代の人たちが集まってきます。キッザニアのように同じチームのメンバーとして一緒に仕事をするわけではないので、同じ場にいたとしても人との関係は希薄かもしれません。

しかし、東京ディズニーリゾートでは「ノーマライゼーション」に力を入れていて、車椅子の人や、盲導犬、聴導犬などのサービスドッグを連れた人が訪れても楽しめるようになっています。障がいのあるゲストのためのバリアフリー構造はもちろん、車椅子レンタルや、エンターテイメントの車椅子用鑑賞席など、特別なサービスも用意してはいますが、基本はゲストみんながＶＩＰ。同じ場、同じステージでショーを楽しむことを前提としています。

ですから障がいのある人たちも、パーク内ではけっして特別な存在ではありません。みんなが一緒に、自然に笑顔で過ごす1シーンとして映るものなのです。

これもまたひとつの「異文化体験」です。子どもたちはこうした体験を通して、**自分とは違うたくさんの人の存在を意識し、視野を広め、そこから本当の意味の人間愛を養っていくのです。**

人を思いやる優しさ

戦うときは戦う、支えるときは支える

今、社会では、成果主義がもてはやされています。何にでも点数をつけて、数値化する。果たしてそれでいいのでしょうか。

数値化を否定するわけではありませんが、人間には、順位や数字だけで判断できない大切なものがあることも事実です。

ライバルと精一杯戦うところは戦う。一方で、友情や思いやりといった「人間愛」とか、「誰かのために」という気持ちに突き動かされる場面もある。そんな経験がいろいろ混ざり合ってこそ、人はバランスよく成長していくはずです。

最近、何かというと人の前に出よう、少しでも賢く得をするように立ち回ろうという傾向が大人の間にあって、それが子どもにも波及している気がします。自分の考えをしっかり持ち、強く主張することも大切ですが、相手のことを思いやる気持ちも大切なのではないでしょうか。

東京ディズニーリゾートやキッザニアでは、周りの人たちの優しさに触れる機会が、おおらかな気持ちにさせ、人を思いやる気持ちを育てるようです。現場にいるとき、そんな場面をたびたび見かけました。

自然と芽生える思いやり

たとえばキッザニアでは、混雑時には人気のアクティビティの定員がすぐに埋まってしまいます。本当に経験したいアクティビティは最初からチェックしておいて、入場と同時に目当てのパビリオンを一目散に目指すのが〝上手な攻略法〟だと、リピーターの間では言われています。

子どもたちは入場の際、「ＪＯＢスケジュールカード」というカードを受け取るのですが、これは各パビリオンで提示し、お仕事の予約や終了の記録をスーパーバイザーに記してもらうものです。体験したいアクティビティを開催しているパビリオンに行っても、直近の回が定員いっぱいで参加できないときは、予約をして集合時刻を記入してもらうわけです。ただし、集合時間に戻ってこなければ、そのお仕事を体験することはできない決まりがあります。

あるとき、小学生の男の子が消防署のパビリオンに並んでアクティビティに参加する順番を待っていました。ところが、集合時刻になっても予約した子どもが来ません。そこで、その場で待っている彼に順番が繰り上がることになったその矢先、５歳くらいの男の子がかけ込んで来ました。予約はその子どもがしていたのですが、時間に遅れたので、当然、お仕事をする権利はありません。

しかし小学生は、自分より幼い子どもが一生懸命走ってきたのを見たら放っておけなかったようで、「僕は次の回まで待ちますから、その子をこの回に入れてあげてください」と譲ってあげたのです。

「相手の役に立ちたい」という想い

東京ディズニーランドでは、こんなシーンがありました。あるとき、お父さん、お母さんと一緒に来ていた小学生くらいの女の子が、ベビーカーに乗った赤ちゃんを連れたお父さん、お母さんとすれ違いました。まったく見ず知らずの家族です。ちょうどすれ違いざま、ベビーカーに乗っていた赤ちゃんが、握っていたおもちゃを落としてしまいました。しかし、目線がベビーカーよりずいぶん高い位置にあるお父さんとお母さんは気がつきません。赤ちゃんはまだ小さくて、大切なものを落としたということを、言葉で表現できません。

すれ違った女の子は、チラッとその様子を目の端でとらえましたが、お父さん、お母さんの後を追いかけるのに忙しくて、そのまますれ違ってしまいました。少し離れたところにいたキャストが、すぐさま赤ちゃんのおもちゃを拾いに行こうと踏み出したその瞬間、数メートルほど行ってから振り返った女の子が、お母さんに声をかけ、かけ戻って地面に置きっぱなしのおもちゃを拾うと、ベビーカーの家族を走って追いかけ、手渡してあげたのです。

こんなふうに、「何かしてあげたい」という気持ちが自然に芽生える場所が、東京ディズニーリゾートであり、キッザニアだと思います。自分が幸せだから、見ず知らずの誰かにも分けてあげたい。そんな子どもの純粋な思いをぜひ見守ってあげてください。

協調性とリーダーシップ

大きな子どもと小さな子どものチームプレイ

キッザニアでは、たとえお父さん、お母さん以外の見ず知らずの人と話したことがない小さな子どもでも、自分でアクティビティの申し込みや受付を済ませて、ユニフォームに着替えたり、お仕事の準備をしなければなりません。最初は「うちの子、本当に大丈夫かな。ひとりでできるのかな」と心配顔の両親も、実際に3歳の子どもが小学生や中学生のお兄さん、お姉さんのメンバーに手を貸してもらったり、ときには抱っこしてもらったりしながら、ちょっと緊張気味に、でも楽しそうにいろいろな作業をこなす姿を見て、ほっとしたり、感動したりしています。

小学校高学年や中学生ともなると、たまたまそのアクティビティで顔を合わせたメンバーの中で最年長になってしまう機会が多くなります。キッザニアのアクティビティは少人数のアットホームなチーム構成で取り組むものですから、年の大きい子が自然に小さい子たちに対して目配りをし、リーダーシップを取り、サポートをするようになります。

小さい子たちも、はっきり意識しているわけではないにせよ、他のメンバーと足並みをそろえ、チームプレイをしなければならないことは何となく理解できるので、リーダー格の大きい子にならい、ついて行こうとします。

3歳の子どもから見れば、15歳の中学生は、自分のお父さんやお母さんとそれほど変わらない大人に見えますから、最初はちょっと恥ずかしかったり、気後れしたりするものです。でも少し慣れてしまえば、すっかり頼れる相手になります。そんなお兄さん、お姉さんたちから手を差し伸べてもらうと、素直に手伝ってもらいながら、自分も仕事をやり遂げようと頑張ります。小さな幼稚園生と大きな中学生との間に、いつの間にか「連携」や「チームプレイ」が生まれるのです。

人は与えられた役割にはまる

器に合わせて形を変える水のように、人は役割を与えられることで、最初は少々力不足でもその役割を果たせるようになると言います。大人だけでなく、それは子どもでも同じです。

たまたまほんの数十分、同じアクテ

ィビティでチームを組むことになっただけのメンバー同士ですが、不思議とその時々の構成メンバーを互いに見ながら、自分で自分の役割を見つけ出し、自然とそこに収まっていきます。それが幼稚園児であっても、中学生であっても、見事にそうなります。

中学生の中には、どちらかと言うと、集団の中ではおとなしく大勢に従って行動するタイプの子どももいます。それでも、みんなで協力して何かを成し遂げなければいけない場で、自分が最年長だと思ったとたん、リーダーとしての役割を率先して果たすこともあります。そこが面白いところですし、親から見たら頼もしいところです。きっと「うちの子にはこんなにたくましく優しい一面があったのか」と驚くことでしょう。

学校や幼稚園では、同じ学年の子どもたちばかりの中で過ごすことが圧倒的に多いので、このような自覚はなかなか生まれません。せいぜい、中学生の部活や生徒会で、1、2歳離れた先輩・後輩の関係を意識するくらいのものでしょう。

初対面のメンバーたちと同じ仕事に取り組むからこそ生まれる役割意識であり、協調性やリーダーシップなのです。これは誰に教わるわけでもなく、自然に生まれるもの。そのため記憶に残りやすく、子どもの行動が変わるきっかけになるのです。

善悪を見分ける力

キッザニアは社会の縮図

社会に出ると、職場にしても、ママ友のグループにしても、人を出しぬいたり、自分だけが得をするように行動する人がいるものです。

そんな人間関係の光と影は、キッザニアの中にもちゃんとあります。大きな子どもにとって、幼い子どもはある意味、簡単に言い負かすことのできる〝弱い〟存在です。逆に、幼い子どもから見たら、大きい子どもは頼れる存在にもなれば、恐れの対象にもなるわけです。ちょっときつい物言いをされれば、黙って言いなりになるしかない場合もあることでしょう。

かつてこんなケースがありました。12歳くらいの子どもが、自分より小さな子どものキッゾを無理矢理奪ってしまったのです。外の世界で言うなら、立派な〝カツアゲ〟です。本来なら弱い子の手助けをしなければならない大きい子が、こんな犯罪を犯していたことに、スーパーバイザーたちもショックを受けました。

キッゾを奪われた子どもにしたら、心にどれほどの大きな傷を受けたことでしょう。辛くて怖い体験だったと思います。しかし、キッザニアのリアルな街並みやお仕事体験に意味があるように、ここにリアルな社会の縮図があるということもまた、子どもにとっては現実を学ぶきっかけになります。

子どもを嫌な目にあわせる勇気を持つ

犯罪はもちろんいけないことですが、社会に出れば、自分の身は自分で守らなければなりません。大人ならそれが当たり前です。キッザニアにはもともと、子どもが職業と社会を体験できるという機能があるわけですから、ある程度は社会の光と影、両方の体験をしてもいいのではないかと考えています。

キッズを力ずくで奪われるだけではなく、パーク内のどこかに落としたり、財布を置き忘れて誰かに持って行かれることも、もちろんあります。大人にとってはただの紙切れでも、子どもにとっては貴重なものですから、激しく落ち込み、泣き出してしまう子どもも少なくありません。

そうならないように、保護者の方々が常に財布を預かっているケースも見かけます。しかし、子どもが嫌な目にあって怖い思いや悔しい思いをするのもまた、大事な社会勉強ではないでしょうか。「自分がしっかり持っていないと。

お金には名前が書いてあるわけじゃないんだから。一度手放しちゃったら二度と戻って来ないんだよ」。そんなふうに教えるチャンスも必要だと思うのです。

日本のお父さん、お母さんは、子どもが失敗したり、怖い目にあわないように、いつでも先回りしてしまうという傾向が強いようです。たとえば崖の上で遊んでいる子どもを見たら、足を踏みはずさないように捕まえておくと言います。一方、北欧の親は、子どもが落ちるまでそのままにして、もし落ちた場合は抱き止めると言います。そうやって「ほら、怖かったでしょう。あんなところで遊んだらダメだよ」と諭《さと》すのです。**子どもに一度怖い体験をさせて、その意味を理解させるほうが有効**だからです。

人として、やってはいけないこと。嫌な目にあわないために、自分で注意しなければいけないこと。子どもに、そんな影の部分を学ばせる勇気を持っていただきたいのです。

人を幸せにするマナー

あいさつには人を幸せにするパワーがある

東京ディズニーリゾートのホスピタリティあふれるサービスは、さまざまなメディアで取り上げられ、ずいぶん有名になりました。実際に一度でも足を運んだことがあれば、にこやかなキャストたちがゲストに積極的に声をかける様子に、好感を持っていただけていると思います。

ゲストを幸せにするサービス。これは、ウォルト・ディズニーがディズニーランドを創った当時から、絶対に譲れない要素として大事にしていたことです。

それが世界中のディズニーのパークで、今も受け継がれています。来場者を、ビジネス上の顧客である「カスタマー」としてではなく、**「ゲスト」として大切に扱うこと。**子どもからお年寄りまで、**どんなゲストにも相手に合わせてフレンドリーなもてなしをすること。**それは世界のどのディズニーパークにも共通しています。

とはいえ、日本人のきめこまやかなサービスというのは、やはり他国のディズニーパークに比べても群をぬいて上質だと感じています。明るい笑顔で、心から歓迎の意をこめて発せられる「こんにちは」「こんばんは」のあいさつ。パーク内で働くキャストたちが、どのゲストにも気さくに声をかけ、写真を撮ってくれること。道案内をしてくれたり、転んだ子どもがいれば起こす手助けをしてくれたりする様子。

もちろん、彼らは仕事でそうしたサービスをしています。しかしそれでも、笑顔であいさつをされれば、やはり笑顔であいさつを返す、善意で何かをしてもらったら「ありがとう」と感謝の気持ちを言葉にするというのが、人と人との間に必要なマナーではないでしょうか。

この頃は大人でも、このあいさつをきちんとできない人が増えているように思えてなりません。理由は定かではありませんが、何もあいさつや会話を出し惜しみしなくていいのではないかと思います。キャストも人間です。たとえ仕事の一端として行っている当たり前の行為だとしても、話しかけたり、親切にしたりした相手から言葉や笑顔が返ってくれば、それが大きな励みになります。その一瞬で、疲れや苦労がすべて吹き飛んでしまうと言っても、けっして大げさではないのです。その一瞬に出会いたくて、毎日仕事をしているキャストも大勢います。

まずはキャストからゲストに声をかける。ゲストがキャストに反応して言葉を返す。キャストの励みを感じて嬉しい気持ちが、またゲストに伝わってくる。人と人との温かい関係とは、そんなふうに築かれていくものです。ちょっとしたことなのですが、**あいさつを大切にすることで、人間同士の気持ちが呼応し、つながりができていく嬉しい瞬間を感じることができるのです。**

並んで待つことを学ぶ

東京ディズニーリゾートは、大勢の人が集まるところです。子どもにとっては、知らない人に対しどう接すればいいのか、訓練される場所でもあります。行きの電車や駅で、さっそく混雑に合うことも多いでしょうから、そこで座席を譲ったり、周りの人に迷惑をかけないようにマナーを学ぶこともできます。

アトラクションでもレストランでもショップでも、パーク内でとにかく何

かアクションを起こそうと思ったら、たいていの場合は並んで順番を待たなければなりません。大人にとってもそうそう楽ではありませんから、子どもにとってはちょっとした試練です。それでも列を乱さず、周りのペースに合わせて進んだり止まったりしながら待つことを覚えなければいけないのです。

一時期、「ＫＹ＝空気が読めない」という言葉が流行りましたが、大勢の人たちがひとつの場で気持ちよく楽しむためには、まさにＫＹにならないような配慮が必要です。すごく基本的なしつけだと思いますが、東京ディズニーリゾートが、１日数万人ものゲストが来場する特別な場所だからこそ、学ばせる機会にしてみてはいかがでしょうか。

我慢する力

我慢が教えてくれる教訓とは？

東京ディズニーリゾートでは、大人気のパークの宿命として、とにかく待ち時間との戦いを強いられます。アトラクションの場合、４～５時間待ちは、当たり前。

この待ち時間の負担を少しでも軽くするように、東京ディズニーリゾートでは、「キューライン」と呼ばれる待ち列を設定しています。「キュー」とは、英語で「列を作って待つ」という意味。キューラインは、大人２人が横に並ぶとちょうどいい幅で作られています。ゲストがひとつ所に留まることなく、絶えず前に進むことで少しでも待ち時間を減らすために考えぬかれた設定なのです。

とはいえ、どんなに工夫したところで、待ち時間を避けることはできません。しかも、並べばどうにかなるときばかりとは限りません。目当てのアトラクションは朝のうちに整理券を配ってしまっていて、今日はもう並んでも無理というときもあります。閉園時間まで大変な混雑で、タイミングが合わないときもあります。「せっかく来たのに、このアトラクションを見られないなんて……」という残念な気持ちはあると思いますが、それも我慢です。

大人にとって我慢は当たり前でも、小さな子どもにとっては、一つひとつがはじめての経験で、訓練の第一歩というケースも少なくないのではないかと思います。言ってみれば、〝人生初の試練〟です。

そこには多くの教訓が含まれていると思います。楽しいことの前には、苦しいことを乗り越えなければいけないということ。それほどの苦労をしてもなお、諦めずに手に入れたいと思う何かがあるということ。そんなあれこれを子どもが自分で感じ取ってくれたら、その試練にも十分意味があります。

待ち時間だけではありません。ショップでお土産を買うときには、たくさんのグッズの中から、欲しいものをじっくり選ばなければなりません。欲しいものを全部買うわけにはいかないため、厳選したうえで、あとは我慢です。

行きより帰りのほうが、買ってもらったものが荷物になるわけですが、疲れていてもそれは自分で持たなければなりません。重かったり、煩わしかったりすると思いますが、それもまた、家まで我慢です。

東京ディズニーリゾートは、子どもにとっては楽しいことばかりでなく、我慢の連続であるというのが現実です。しかし、**我慢の向こうには、すばらしい思い出が待っている**のですから。

工夫する力

キッザニアを時間いっぱい楽しむためには？

キッザニアの入場は1日2回で、完全入替制になっています。9時～15時の「第1部」と16時～21時の「第2部」に分かれていて、通しで滞在することはできません。

人気のアクティビティには入場と同時に人が集中しますから、目当てのパビリオンがある場合、真っ先にそこに行くのが得策でしょう。すぐにお仕事に就けなくても、予約を取ることができるしくみです。

予約時にはスーパーバイザーから集合時刻を告げられますので、その時間まではパーク内で自由に過ごすことができます。子どもたちは入場の際に50キッゾ分のトラベラーズチェックを受け取っていますから、そのお金で買物や食事をしてもいいですし、すぐにできるお仕事を探して参加してもかまいません。

まずは事前に公式サイトなどで下調べをして、自分のやりたいお仕事を見つけておく必要があります。時間内であればいくつ体験してもいいのですが、優先順位をつけて効率よくスケジュールを組んでいかないと、多くは体験できません。大きな子どもと小さな子どもではそのあたりの手際の良さやフットワークの軽さに差がありますが、だいたい4～5種類のアクティビティに参加できれば、まずまずの高効率と言っていいでしょう。

小学校2、3年生くらいまでは、自分でやりたいことを決めるのも大仕事です。わかりやすくて花もあるお仕事に人気が集まるので、お菓子やハンバーガー、ピザなどの食品を作るお仕事や、消防士が体験できるパビリオンはいつも大にぎわい。混雑している日は、入場からほんの十数分で、その日の予約がすべて埋まってしまうものもあります。

ですから、狙いを定めて真っ先に自分の一番体験したいお仕事を目指したとしても、残念ながら予約を入れられないこともあります。そういうときは素早く方針を変更し、2番目、3番目にやりたいお仕事を狙うしかありません。

限られた5時間や6時間を最大限有意義に過ごすためには、事前に作戦を立てることが必要です。そういう意味でキッザニアは、子どもにとってなかなかシビアなテーマパークと言えるでしょう。

しかし、考えてもみてください。ここ何年かの長引く不況で、就職活動が思うように進まない学生はたくさんいます。たとえ名のある大学を出ていたとしても、です。希望の業界や企業を受けても、採用されないこともあるでしょう。それが実社会とも言えます。

そういう意味では、キッザニアでやってみたいお仕事に就くために、自らうまくいく方法を想像し、うまくいくように作戦を立ててみることは、まさに大人の社会の疑似体験。就職活動の参考にもなることでしょう。

注意する力

安全があってはじめて幸せになる

ゲストにハピネスを提供するため、東京ディズニーリゾートで最も重視されているのが、「**安全性**」です。

せっかくの楽しい時間も、ケガをしてしまったらぶち壊し。事故やケガがなく安全に楽しめるからこそ、心が満たされ、幸せを感じることができるのです。

ですからパーク内の随所で、安全性について配慮されています。たとえば通路の段差はできるだけなくしたり、滑りにくい床にしてあったり。滑りにくいといっても、適度に滑りがよくないとそれはそれで足を取られて転ぶ原因になるので、そこは緻密に計算されています。

乗り物でコースを回るライドタイプのアトラクションの場合、乗り場にはすべて、地下鉄のホームで見かけるようなセーフティゲートを設置してあります。

一方、施設内の演出に使われているさまざまな装飾品、置物や小道具は、ただそこに置いてあるように見えますが、すべてが床や壁、棚にしっかり固定してあって、落下したり崩れたりしてケガをすることがないようにしてあります。飾りとして箱に積んであるワインの瓶なども、みんなそこに固定されていて、動くことはありません。

このように、安全対策には十分に気を遣うことで、万が一の事故を二重にも三重にも防ごうというわけです。

キャストの見た目から安心を感じてもらう

安全対策とは少し性質が異なりますが、ゲストに安心感を与えるという意味でディズニーが大切にしていることがあります。それは「ディズニールック」と呼ばれる、キャストの身だしなみ規定です。コスチュームのほかに、爪の長さ、ヘアスタイルやメイク、ネイルの色など、細かいところまできちんと定められているのです。これはもちろん、ディズニーというブランドイメージにふさわしい印象をゲストに与えられるように、という意図もありますが、ゲストの期待を裏切らず、安心を感じてもらいたいという重要な意味もあります。安全対策ではありませんが、安心・安全を重視することの一環なので、共通点があるのです。

こうした配慮の一つひとつは、テーマやストーリーとは違って、ゲストに対してあえて語ることではないのかもしれません。見えないところできちんと対策を立てていれば、それでいいとも思います。

ただ、どんな場所でも、安心に、安全に過ごすことは大切です。どうすれば安心・安全が保てるのか。そういう観点を小さな子どものうちから持つことは、けっして無駄ではないはずです。このことがきっかけとなって、子どもがこれから成長していく中で、**見えないところにも着目し、気を配る注意力へとつながっていく**はずです。

いつも**万が一のことを考えて、十分な備えをしておく**という考え方も、ここから養われていくでしょう。どんな環境で過ごすことになっても、そこで生きぬいていく上で最も重要な感覚、能力であるかもしれません。

第３章　学校ではなかなか学べない！
大人になって役立つ力

コラム3

トゥモローランドにある ナゾの惑星記号

東京ディズニーランドの「トゥモローランド」に立つポールには、不思議な記号が印されています。これらはすべて惑星記号。

たとえば♇は冥王星。ＰとＬのモノグラムになっています。ほかにも木星や水星、海王星などがあります。どの記号がどの惑星なのか？　ぜひパークで確認してみてください。

ちなみにモノグラムは、プロ野球のチームのマークやルイ・ヴィトンなどのファッションブランドのマークにも多く使われていますね。

ほかにも、プラザレストランから向かうトゥモローランドの入口には「モノリス」という２本の柱が立っています。モノリスは古代エジプトにおいて、〝太陽のシンボル〟として神殿の両側に建てられました。トゥモローランドには、宇宙を物語る様々な演出が施されているのです。

第4章

他のテーマパークでは得られない「働く人」から得られる力

夢や希望を描く力

「私もあんな風に働きたい！」キャストは憧れの的

東京ディズニーリゾートに行くと、パーク内で働くたくさんのキャストを目にすることができます。東京ディズニーランド、東京ディズニーシーを合わせると、キャストの数は常時２万人以上。裏方としてバックステージで働くキャストもたくさんいますから、全員がゲストの前に姿を現すわけではありませんが、多くのキャストが生き生き仕事をしているその瞬間を、来場した誰もがライブで見ることができるのです。

東京ディズニーリゾートの運営会社である株式会社オリエンタルランドは、就職を前にした学生たちの間でも人気です。就職企業人気ランキングでも常に上位にランクインしています。

楽しそうに働くキャストたちを見て「僕もここで働きたい」「私もこんなふうに楽しく仕事をしたい」と憧れを抱くようになるのは、自然な成り行きではないでしょうか。

特に人気なのは、アトラクションの運営を担当するキャストや、鮮やかな手際でパーク内を掃除しているカストーディアルキャストです。ディズニーのパークは、ゲストの目に触れるところすべてがステージで、キャストたちもそこでは最も華やかな姿を見せていますから、ゲストも彼らに魅了されるというわけです。

大人でも憧れるのですから、子どもはなおさらです。「大人になったら、ディズニーで働きたい」と思うようになります。それが、子どもたち自身の将来に対する夢や希望へとつながっていくのです。

ご自身のことを振り返ってみてください。やりたいこと、なりたいものが見つからなくて悶々《もんもん》としている間は、将来に対する明るい展望が持てなかったのではないかと思います。職業だけでなく、「こんな人と結婚して、こんな家に住み、こんな家庭を築きたい」といったことでもかまいません。要は、**実現したい自分の姿を具体的に描ければ描けるほど、そしてその姿を欲する気持ちが強ければ強いほど、日々の生活が夢や希望であふれてくるはずです。**かつて、小さな子どもの頃、あるいは10代の頃、そんな経験がありませんでしたか。

今の子どもたちもまた、特別な場所で働き、輝いているキャストたちを見て憧れを抱き、将来の自分の姿を重ね合わせています。もしかしたら、そこで生まれてはじめて「もし自分が大人になったら」と考えるきっかけをつかむ場合もきっとあるでしょう。

キャストたちの働く姿は、子どもたちにとって、将来の夢や希望を描くきっかけになるのです。

第４章　他のテーマパークでは得られない「働く人」から得られる力

コミュニケーションスキル

笑顔が笑顔を呼ぶハピネスの輪

　東京ディズニーリゾートを歩いていると、キャストに声をかけられるチャンスが多いことに気づくと思います。アトラクションで説明を受けたり、レストランで注文を取ってもらうときだけでなく、「こんにちは」とあいさつされたり、「お写真、お撮りしましょうか」と言われることもあります。

　ディズニーのパークのキャストたちは、「ディズニースマイル」と呼ばれる明るくて自然な笑顔や、礼儀正しく、かつ親しみやすい振る舞いをするように教育されています。

ゲストが喜び、幸せになるために、自分ができることがあるなら、どんどんやりなさい、というのがディズニーのスタイルです。ですから、キャストはゲストを見て自分で判断し、自分で何をするのか決めることができます。よほど場を乱す行動をとらない限り、それぞれのゲストに合った行動を自由にとることが許されています。そのため、キャストはのびのびと働くことができるのです。

キャストは入社してすぐの研修で、ゲストにはどんなときにどういう言葉で話しかけるといいのかということを先輩に教わります。最初はゲストを目で追いながら近づいていけなかったり、言葉をかけられてもぎこちなかったりと、失敗もします。

それでも何回もトライし、ゲストから「ありがとう」の言葉を返してもらったり、喜ぶ姿を見せてもらえたら、キャストたちも元気になれます。このくり返しが、自然にハピネスの輪を広げるのです。

口数が多い＝コミュニケーションスキルではない

最近、学校教育の場でも、企業の人材採用や教育研修の場でも、何かというと「コミュニケーションスキルがなければいけない」と盛んに言われます。では、社交的で誰とでも陽気に話せる口数の多い人は、コミュニケーションスキルが高いと言えるのでしょうか。そうではありません。口数が多くなくても、コミュニケーションスキルが高い人はいます。相手の話を聞き、自分の意見や考えをきちんと伝えて信頼関係を築ける人です。

要は、相手と双方向の会話をし、関係性を築いていくということです。それは言い換えれば、ただキャストがゲストに声をかけるのということではなく、先ほども言ったように**自分の言葉や行動でハピネスが生まれていることを感じられるかどうか**ということでもあります。

ぜひ東京ディズニーリゾートに行ったときには、キャストがどんな風に話しかけているのかを見てください。そして、なぜキャストに話しかけられるとうれしくなるのか考えることで、お子さんのコミュニケーション力を高めるきっかけを作ることができるかもしれません。

相手の立場を思う力

相手の立場に立って行動する

ディズニーのテーマパークを学びの場にしようという提案は、実は東京ディズニーリゾートが学校向けに行っていることでもあります。東京ディズニーリゾートの学校向けプログラム「ディズニー・キャンパス」がそれです。

その中のひとつに、中学校・高等学校向けのワークショップ「ディズニーアカデミー」があります。学校単位で開催されるもので、生徒たちが、パークで実践されているディズニー流のホスピタリティを学ぶのです。このホスピタリティの内容には、自分たちの日常生活に活かせることも数多く含まれているので、子どもを持つお父さん、お母さんたちにも大いに参考にしていただけると思います。

生徒たちはレクチャーであらかじめ予備知識を得た上で、パーク内でキャストたちによってそれが実践されている様子をじっくり見て体感し、パークという特別な場所でなくても十分に採り入れられるということを学びます。もちろん、このワークショップに参加していない子どもたちでも、同様の視点でパークを観察し、考えることによって、ワークショップ参加者と同じように学べます。

キャストの気づかいは、日常にも応用できる

「おもてなしの心構え」とはすなわち、２万人以上ものキャストの行動の基本

となっている「**相手の立場に立ち、自ら行動する**」というルールです。それは、キャストの行動のどんなところに表れているのかを、改めて考えてみましょう。

一つは、前項でもお伝えした、いつも笑顔でいること、礼儀正しく親しみやすい対応をすることが挙げられます。どのゲストにもＶＩＰとして対応するというのは、けっして誰とでも同じ接し方をするということではなく、相手に合わせて臨機応変に変えていくということです。子どもと話すときは膝をつき、子どもと目線を合わせて話しますし、お年寄りに対しては親しみやすさを心掛けながらも、相手が受け容れやすいようにより丁寧な話し方をします。

ほかにもさまざまな形でゲストに働きかけをします。たとえばみんな楽しく過ごせるように、ときにはあるゲストには「〇〇しないでください」とお願いしなければならないこともあります。その場合は、否定的な表現ではなく、「〇〇でお願いします」と肯定的に聞こえる表現を使います。

これらのキャストの行動は、すべて相手の立場に立っているからこそ実践されているものです。

パークを訪れたさいはぜひ、キャスト一人ひとりの様子をよく見てください。学校ではなかなか学べない、しかしふだんの生活に応用できる方法をきっと感じていただけると思います。

自ら行動する力

行動してはじめて、相手に伝わる

実社会では、相手を思いやり、自分が何をすればいいか工夫することはもちろん大切ですが、それを**自分から積極的に行動に移すことが、最も大切**です。よく大人同士でも、いろいろな場面で「言葉にしなければ相手に伝わらない」ということが言われますが、これとまったく同じです。行動しなければ、その人のせっかくの思いやりは相手に伝わりません。

頭で考え、理解しているだけではダメだということを、子どもたちにはぜひ理解してほしいと思います。実際にパーク内では、キャストに何かを手伝ってもらったから「ああ、助かった。頼りになるなあ」「親切にしてもらって嬉しいなあ」と感じます。自分に笑顔が向けられるだけでも明るく楽しい気持ちにはなりますが、**本当の嬉しさ、楽しさは、今、この瞬間にしてほしいことをしてくれるからこそ感じるもの**ではないでしょうか。

幼い子どもは、自分のことをうまく言葉にできなかったり、恥ずかしさや気後れが先に立って行動に移せないことがあります。ですから、勇気を持って自分から「ありがとう」など、感謝の気持ちを伝えてほしいと思います。

そのためには、一緒にいるお父さん、お母さんの手助けも必要でしょう。ぜひあなた自身がお手本となって、感謝の気持ちを伝えてみてください。

演技を本物にする力

演じれば、ぎこちなさもプライドに変わる

ここで、本物のホスピタリティとは何かということについて、今一度考えていただきたいと思います。

ディズニーのパークは、それ自体をひとつの巨大なショー、総合芸術と見立てて創られています。ですから、まるで映画や演劇のように、必ず土台となるテーマがあり、ストーリーがあります。そしてゲストはパーク内を歩くときも、アトラクションやレストラン、ショップに立ち寄るときも、いつもストーリーをたどれるようになっていることはお伝えしました。

だからこそ、キャストはいつでも、こう教えられます。「ここはステージで、あなたは俳優です。演じなさい」と。どんなときでも、プロフェッショナルとして最高の演技を見せるべきだということは、ウォルト・ディズニーがはじめてディズニーランドを創ったときからの考え方でした。

ウォルトの没後もディズニーのパークで受け継がれてきたこの考え方は、キャストたちによってそこで実践されている上質なサービスを形成する基礎として今ではすっかり有名になりましたし、人材教育に関わる多くの人によって研究されるようになってもいます。しかし実のところ、この「最高の演技」に対しては賛否両論あります。

というのも、接客サービスの事業に関わる人たちの中には、「演じるということは心の底からのホスピタリティではない」という意見を持っている人もいるからです。

その意見には一理あるのかもしれませんが、私たちは少し違うのではないかと考えています。東京ディズニーリゾートで働く2万人以上のキャスト全員がここで仕事を始める前に、心の底からのホスピタリティから発する上質なサービスを提供する力を備えているわけではありません。誰しもプロフェッショナルとして仕事ができるようになるまでに、未経験でスタートラインに立った経験を持っているはずです。ディズニーのパークのキャストにも、ここでスタートラインに立ったというメンバーは数多くいます。

はじめは意識してつくったぎこちない笑顔かもしれません。おどおどしながらやっとゲストに近づいていって話しかけた、ギリギリいっぱいの言葉かもしれません。しかし、それを日々くり返すうちに自分のものになっていくのです。

演技がうまくなり、ゲストから豊かな反応が返ってくれば、演じている本人たちも楽しくなってきます。演じることへのプライドも芽生えてきます。

演技がうまいと言われている俳優も、最初からその役になり切っているわけではないと思います。台本を読み、セリフを覚え、どう表現するかを考えてそれを何度もくり返していくうちに、役になり切るに違いありません。きっとそんなふうにして、人を感動させる名演技へと到達するのでしょう。その名演技を、「あれはただ演じているだけで、その役の心を表現していない。ニセモノだ」と人は言わないと思います。「役になりきっている。これこそ本物だ」と高く評価するはずです。

名演技が本物の気づかいに変わる瞬間

キャストたちも同じです。最初は「演じなさい」と言われ、いろいろ考えながら笑顔をつくってみたり、ゲストに話しかけてみたりします。しかしいつの間にか、考えるより前に笑顔がこぼれ、言葉が口をついて出るようになり、自然にゲストへの対応ができるようになります。それが、演技に自分の血が通う瞬間です。まさに、本物のホスピタリティから発する、本物のサービスになっていくのです。

ですから私たちは、演じることが、心からのホスピタリティを封じてしまうとはまったく考えていません。むしろその逆で、くり返し演じることで、いつか身も心もホスピタリティで満たされ、〝名演技〟と呼ばれるにふさわしい本物のサービスを提供できるようになると信じています。

もし、東京ディズニーリゾートで出会ったキャストの笑顔が、立ち居振る舞いが、ゲストを喜ばせたり、心和ませたりするすばらしいものだったとしたら、それは毎日のくり返しのたまものです。彼ら、彼女らの、時間をかけ、思いをこめて作り上げてきた本物のサービスを、ぜひ思い出してください。いつか子どもたちが、自分のフィールドで自分にとっての本物を真剣に追求するとき、きっと役に立つはずですから。

個性を表現する力

本当の個性は、「心のもちよう」にある

小学生の男の子たちに野球とサッカーではどちらが好きかと聞き、サッカーと答えた子にその理由を尋ねたところ、「プロサッカー選手は自分の判断で自由にプレイしているからカッコイイ。野球はそもそもグラウンドを自由に動き回れないいし、プロの選手も監督のサインに従うなど、指示を受けて動くから自由じゃなさそうでカッコよくない」という返事が数多く返ってきたという調査結果をテレビ番組で見たことがあります。

選手の強烈な個性というのは、自由があってこそ発揮されると子どもたちは感じているのでしょう。

それではディズニーのパークのキャストたちはどうでしょうか。子どもたちから見て、果たして自由で個性的なのでしょうか。

ゲストを大切に思い、本当に喜んでもらえることであれば、自分で考え、工夫して自分のできることをしても構わないという点では、キャストはかなり自由です。主体性があると言えます。

ところが一方で、「ディズニールック」と言われる厳しい身だしなみ基準が定められていたり、「テーマグリーティング」と呼ばれるあいさつの言葉が決められていることを思えば、必ずしも自由ではないのかもしれません。

ちなみに、「テーマグリーティング」というのは、それぞれのテーマを演出するためにキャストが発するあいさつの言葉を指しています。

たとえば東京ディズニーシーではこんな具合です。

イタリアの港町をテーマにした「メディテレーニアンハーバー」では、「チャオ」「ボンジョルノ」「ボナセーラ」というあいさつです。

では、ルールや形式がこれだけきちんと決められていて、個性を表現できるのでしょうか。できると思います。

外見の違いが個性だと思っている人は多くいます。服装や言動など、一目見てすぐにわかるところに明らかに人とは違った何かがあることが、個性だと思っているようです。ヘアスタイル、髪の色、制服やユニフォームの着こなしに自分流の表現ができなければ、個性を殺されてしまうと不満を言う人も、世の中にはたくさんいます。

しかし個性とは、外見の違いではありません。おもてなしなどの行動ににじみ出てくるもので、**大事なのはそこに感情や心があるということです。**

子どもたちには、キャストのホスピタリティがこめられた言葉や立ち居振る舞いに、ぜひたくさん触れてほしいと思います。

仲間への意識

スーパーバイザーは〝憧れの存在〟であり、〝仲間〟

キッザニアのスーパーバイザーも、子どもたちにとっては憧れの対象です。ただし、ディズニーのパークのキャストたちに対する憧れとは、多少、性質が異なります。

キッザニアのスーパーバイザーは、役割としては同じ職場の少し先輩であり、リーダーです。子どもたちから見れば年も上ですし、いろいろなことをたくさん知っていますし、自分たちにときに厳しく、ときに優しく接してくれるものの、**同じ仕事に一緒に取り組む同僚、仲間**なのです。

ディズニーのパークでキャストがいくら積極的に声をかけてくれたとしても、それは長い1日のうちのほんの数分ということが多いでしょう。しかしキッザニアでは、アクティビティに参加する数十分、1人か2人のスーパーバイザーとしっかり向き合い、コミュニケーションを取ります。アクティビティは少人数制で、子ども2～8人に対してスーパーバイザーが1～2人、あるいは子ども2人に対して1人という場合もあります。ですから特定のスーパーバイザーと接している時間は比較的長く、関係性という意味では距離が近いですし、密度も濃くなります。

キッザニアは、子どもたちが大人の社会や仕事への憧れを持ってやって来る場所です。はじめから職業に対する憧れが強いので、人に対する憧れがそれを上回るということが起こりにくいのです。

それでも、同じ仕事に携わる仲間として、同じ時間、同じ体験を共有したことは、子どもにとって少なからず影響を与えます。何より、生まれてはじめて大人の仕事を疑似体験するわけですから、どんな人とどういうことをしたのか、そのとき何を感じたのかという記憶は、無意識のうちに子どもの心に刻みつけられます。

ワンピースの仲間たちに出会える場所

いまの若い人たちにとって、「仲間」というのは生きていく上でのキーワードのひとつになっているような気がします。子どもたちや若い人たちに人気の漫画『ワンピース』は、主人公のモンキー・D・ルフィをはじめとする登場人物たちが同じ船に乗り、仲間と協力してさまざま困難を一緒に乗り越えたり、どんな危機的状況にあっても仲間を絶対に助けようとするからこそ、これほどの支持を受けているのではないでしょうか。

どれだけ身近なところに信頼できる仲間がいるか。そしてその仲間とどれだけ助け合えるか。今の多くの若い人たちにとっては、それは人生を左右するほどの大きな関心事に違いありません。

キッザニアでスーパーバイザーと接することは、子どもたちにとってはまるで『ワンピース』の仲間たちに出会ったようなもの。ぜひお仕事体験後、スーパーバイザーのどんな言葉に勇気づけられたか、聞いてみてください。そうすることで、どんな言葉をかけられると人はやる気になるのか、きっと感じていただけると思います。

責任感と達成感

言葉づかいが子どもの心構えを変える

キッザニアでは子どもに対してきちんと敬語を使い、〝友達言葉〟は使いません。子どもたちに話しかけるときは「みんな」ではなく「みなさん」ですし、自分のほうに呼び寄せるときも、「こっちにおいで」ではなく、「私のところに来てください」です。

子どもに何かしてほしいときは、**強制や禁止に聞こえる言い方はしません**。話を聞いてほしいときは、「ちゃんと聞いてください」とは言わずに、「今から説明してもいいですか」と**質問の形で注意を促します。**「これはやめてもらいたい」ということを伝える際にも、「〇〇してはだめです」ではなく、「〇〇するといいですよ」「ここは〇〇するとお仕事がうまくいきますよ」と、あくまで**子どもの自立を促す言い方**です。

ときには、仕事を始める時間だというのに、子どもたち同士がおしゃべりして取りかかれないようなこともあります。そんな場合でもスーパーバイザーは「しゃべらないでください」とは言いません。「みなさんはおしゃべりをしていますが、いまは何をする時間ですか」と問いかけます。置かれた状況に対し、**自覚を促す言い方**です。

子どもたちは日頃、学校や家庭で先生やお父さん、お母さんから、「〇〇しなさい」「〇〇してはいけません」というような指示と禁止の言葉をいやというほど聞いています。ですから自主性を引き出してくれるスーパーバイザーの話し方は、子どもにとってはとても斬新で、責任を持って行動しようという心構えにさせてくれるのです。

「誰かの役に立てた」という達成感

実はキッザニアでは、大人が職場で当然負うべき責任という点については希薄です。仕事を体験するといっても、その責任が問われることはないのです。そういう意味では、キッザニアはあくまでバーチャルな街、バーチャルな世界です。

さらに、通常、仕事というのは「社会の誰かの役に立つように」ということを考えて行います。一方、キッザニアの中に広がる街は、本物そっくりのリアルさはあるものの、実際にはそこで生活している人たちがいるわけではありませんから、「誰の何の役に立ったか」を明確に意識できないという点でもバーチャルです。

しかし、たとえば消防士のお仕事では、みんなで火事の現場まで乗り込んで消火作業にあたります。無事に消火した後、スーパーバイザーから「みんなのおかげで火は消えました。街の人は喜んでいます」と告げられれば、「自分がやったことは誰かの役に立ったんだ」という思いを味わうことになります。

キッザニアでは、子どもたちがアクティビティを行うことで、責任感と達成感の両方を感じることができるのです。

自分で選んだ仕事だからやり遂げるんだという想い。社会の誰かの役に立つ喜び。こういったものがやがて、職業観の形成につながっていきます。

コラム4 ディズニーのキャストが身に付けているおしゃれなピン

ディズニーのキャストの胸元にある様々なピンをご覧になったことがある方も多いのではないでしょうか。少しご紹介しましょう。

〈ひと目でわかるピン〉

- 「**手話ピン**」…手話ができるキャストが付けています。
- 「**ランゲージピン**」…外国語が話せるキャストが付けていて、言語の表記もあります（英語・中国語・韓国語）。

〈キャストへの感謝とモチベーションアップを意図したピン〉

- 「**サービスアワードピン**」…長く勤務してくれたキャストを称える制度です。勤続１年ピンから５年ごとに発行していて、30年ピンの方もいると思います。
- 「**トレーナーピン**」…トレーニングができる資格を持ったキャストのピンです。
- 「**スピリット・アワードピン**」…その年度の優秀キャストを表彰する〝スピリットオブＴＤＲ〟の受賞者が付けています。

このようにディズニーでは、ピンというツールを活用して、様々な取り組みを行っています。ぜひ今度行ったときは、注目してみてください。

第5章

子どもの可能性をひき出すために家庭でできること

なぜ楽しかったのか、理由を考えてみる

言葉をひき出すと、子どもは変わる

「楽しい」「面白い」「おいしい」

子どもに感想を尋ねると、よくこういった言葉が返ってきます。おそらく楽しいイベントや面白い仕掛け、おいしい料理などに出会った子どもたちは、それらが発信している数限りない情報を受け止めているはずです。発する言葉はたった一言かもしれませんが、それはとっさの反応としてそれ以上の言葉を返せるほどの経験も能力もまだ持っていないというだけのこと。

だからこそ、お父さんやお母さんが、**子どもから上手に言葉を引き出してあげることが大切**なのです。言葉にすることで、子どもは無意識に心の中で温めているものを明確に認識することができますし、次のアクションにつなげていくきっかけを見つけることもできます。

東京ディズニーリゾートもキッザニアも、子どもにとっては理屈抜きに楽しい場所だと思います。ただそこに行って、行きっぱなしで何のフォローもしなかったとしても、子どもにとっては十分素晴らしい思い出になるでしょう。

しかし、学校や幼稚園では学べないたくさんのことを１日であまりにもたくさん体感し、「楽しい思い出」で終わらせてしまうのは本当にもったいないように思います。

楽しみ方はいくつもあります。そして、**自分で独自の楽しみ方、自分なりの視点を発見できる子どもほど、人間力を養っていける**のです。

人間力の芽を育てる土壌を作っておく

子どものうちからその基になる力を〝発芽〟させておくことで、将来、より大きく育てていくことができます。それは、私たちが東京ディズニーリゾートやキッズニアで子どもたちに接したり、若いキャストやスーパーバイザーを育成しながら実感してきたことです。

人間力の発芽を確実なものにするためにも、帰宅してから2、3日のうちに、子どもと楽しかった1日について対話を持つようにしてください。

まずは子どもから「楽しかった」「面白かった」「おいしかった」という一言を引き出せればいいのです。それから、一緒に考えてあげてください。「何が楽しかったのか」「何が面白かったのか」「何がおいしかったのか」。その次に、「それがなぜ楽しかったのか」「それがなぜ面白かったのか」「それがなぜおいしかったのか」という問いかけをしてみてください。

この「何が」「なぜ」ということを掘り下げる作業が、子どもにとっても親にとっても大切なのです。親子で一緒になって振り返り、楽しかったもののことを言葉に落とし込むことで、**経験が鮮明な記憶として残ります。何が人を楽しくさせるのか、理解することもできます。**

人間力とは、どんな時代、どんな環境のもとでも生きぬいていく力です。広い世の中で生きぬいていくために必要なのは、**自分を知り、自分の周りにいる人を知る**ということではないでしょうか。そのためにどうすれば「楽し

い」「面白い」「おいしい」といった感覚が刺激されて、プラスの感情が持てるのか。そのことを子ども自身が深く理解するプロセスが、とても重要だと思うのです。

日常との「違い」を一緒に考えてみる

2つのテーマパークに共通する〝リアリティ〟とは

親子で事後学習をするために、もう一度、この本の第1章でお話した東京ディズニーリゾートとキッザニアの役割をここでおさらいしてみたいと思います。

東京ディズニーリゾートは、パーク内のすべてにテーマとストーリーがあり、徹底的に創り込まれた非日常の世界に入っていけることが大きな特徴です。

東京ディズニーランドでは「夢と魔法」が、東京ディズニーシーでは「冒険とイマジネーション」がテーマになっていて、一歩そこに踏み込めば、見事なファンタジーの世界が繰り広げられています。ここで育まれるのは「夢を見る力」です。

一方のキッザニアは、「こどもたちのこどもたちによるこどもたちのための国」がテーマ。職業・社会体験をして、楽しみながら学べる「エデュテイメント」を提供しているテーマパークです。夜の街を歩き、ひとりの大人として仕事をするという体験を通して、社会や経済の仕組みまで疑似体験できるところがポイント。ここで養われるのが「夢を形にする力」です。

そして、「夢を見る力」と「夢を形にする力」、両方を合わせてはじめて「人間力」になります。夢を見るにも力が必要ですが、ただ見ているだけでは人生は切り拓けません。その夢を形にして、自分で切り拓いていく力も必要だということなのです。

なぜここでわざわざおさらいしたのかと言うと、家に帰って親子でテーマパークで過ごした1日を振り返るときに、両者の共通点と相違点を意識することが重要になってくるからです。

２つのテーマパークのコンセプトは、まったく異なります。しかし両者に共通して求められ、実践されていることがあります。それは〝リアリティー〟です。

リアリティーを認識したうえで子どもと話してみる

東京ディズニーリゾートは、テーマとストーリーに沿って街並みが創りこまれています。夢と魔法、冒険とファンタジーというテーマから生まれたファンタジーの世界ですから、実際にこの世界のどこかにある街とは違う、完全に想像上の架空の街です。しかし、架空の街だからといって、〝嘘っぽい〟ようでは誰もその世界に浸ることはできません。あたかもその街が本当に存在して、そこに人が暮らし、生活の息吹があるようでなければいけないのです。ですから、建物の壁が本当に長い年月、風雨に晒《さら》され、人々の暮らしを見守ってきたかのようにわざと劣化したように見える演出を施してあります。インテリアとして海外からアンティークの調度品を取り寄せたり、現地から運んだ本物の植物を植えるなどの工夫も凝らしています。

架空の街だったとしても、今ここにいる自分にとっては真実。ゲストにそう思わせるためのリアルさが、そこにはあります。

キッザニアのリアルは、それとはずいぶん異なります。子どもが大人の社会を体験できるように、キッザニアの街並みは、私たちが現実の社会でふだん見かける街並みにそっくりです。建物だけでなく、観光バスも、消防車も、宅配便の車も同様です。

キッザニアでは子どもの目線や視野に合わせて、街を現実の3分の2のサイズ〝再現〟しています。子どもから見たらちょうど、大人の私たちが現実の街並みを見た感覚に近いのかもしれません。ある意味、それもまたリアルであるということなのでしょう。

そこでは子どもたちが、本当に大人になって社会に参加する感覚を味わってはじめて意味があると言えます。子どもたちが疑似体験できるように、街並みもまた、現実の社会そっくりというリアルさが求められるのです。

つまり、東京ディズニーリゾートにあるのは、ファンタジーの世界を確かに自分の肌で感じるための、「本当に存在しているという感覚を呼び覚ますためのリアリティー」で、キッザニアにあるのは、「現実の世界そっくりに再現されたリアリティー」です。

お父さん、お母さんが以上のことをしっかり意識したうえで、子どもに「私たちがふだん生きている世界とはどこが違った？」と問いかけてみることに意味があります。東京ディズニーリゾートでは、異国の空気、日常生活では見かけることのない生き生きとしたキャラクター、そこから紡ぎ出されるストーリーについて話題にするほど、想像力が刺激されて、夢の世界が広がって行きます。また、キッザニアでは、現実の世界ではこうはいかないとか、現実の世界ではもっと自分から戦わなければいけないという課題があぶり出されてきます。

「次はどんな仕事をしたいか」を話し合う

まずはやりたい仕事を思い切り楽しむ

キッザニアに来場する子どもを見ていると、それぞれの子どもによって楽しみ方のスタイルが違うことがわかります。好き嫌いにかかわらず、前回体験しなかったお仕事を優先して体験しようとする子どももいれば、何度来ても、同じお仕事しかしようとしない子どももいます。毎回パン職人の仕事しかしないという子どももいました。親が「同じものばかりではなく、ほかの仕事もやってみたら?」と勧めても、がんとして聞き入れません。聞いてみると、その子にとって他の仕事を経験することは、自分が本当に経験したいパン職人の仕事から得られる感覚や感触を薄めてしまうことになるので、邪魔らしいのです。

楽しみ方は自由ですので、どちらがいい・悪いということはありませんが、キッザニアではお仕事体験をするうえで採用試験はありませんので、ぜひ好き嫌いにかかわらず、どんどんチャレンジしていってほしいと思います。

子どもの興味が向かう方向を知る

キッザニアから家に帰ってきたときにおすすめしたいのは、次につながる課題を親子で一緒に考えてみるということです。夕食を食べながらでもかまいません。「警察官のお仕事、やってみてどうだった?」「次にやるとしたらどんなところに気をつけたい?」「次はどんな仕事がおもしろそうかな?」などと聞くことで、その仕事への理解を深めるだけでなく、体験を次に活かすためにできることを探ってほしいと思います。

もし何か失敗を体験した子どもには、どこで失敗をしたのか、そしてどうすればうまくいったか、一緒に考えてみることで、子どものやる気をひき出すことができるかもしれません。

中には、先ほど話題にした子どものように、何度も同じお仕事を体験しているため、会話を広げることが難しいと感じるお父さん、お母さんもいらっしゃることと思います。その場合は、たとえばこんな風に話しかけてみてはいかがでしょうか。「○○くんにとってパン職人ってどんなお仕事？」「何回もチャレンジしているけど、どのあたりが一番好き？」。

これはあくまでも次につなげるための話し合いです。**うまくできなかったところを親が指摘して、子どもを追い詰めたりすることは絶対に避けてください。**自責の念が強い子どもの場合は、できなかったことを気に病み、度を越した反省をしてネガティブになってしまうこともあります。失敗を気にせず、「もっとこうすればよかった」というところに気づくことができれば、それでいいのです。親が子どもに「そうだね、じゃあ次はそうしてみようよ」と明るく声をかけてあげることで勇気を与えることもできるでしょう。

社会に出てから強さを発揮するのは、失敗を怖れずチャレンジし、一度失敗してもそれを糧に次のチャレンジに挑む人です。子どもにもそれを体感させられれば、きっと確かな人間力になっていきます。

「なぜ働くか」を考える

身のまわりの物が例になる

ある程度の年齢になったら、子どもは少し背伸びをしたり、大人の真似をしたくなります。そうした思いを満たすのが、キッザニアです。子どもたちは、大人の真似をしたくて、仕事を体験できるパビリオンを目指します。そこでキッザによる給料が支払われてはじめて、仕事をする意味をおぼろげに理解します。

親は子どもに、自分たちがなぜ仕事をしているのかを改めて話すチャンスはなかなかありません。子どもも学校や家庭で「なぜ働くか」を説明されないまま、いつの間にか「将来何になりたいの？」といった問いを突きつけられています。まるで人は誰もが大人になったら何かにならなければいけないかのように。

せっかくキッザニアに行くのなら、この機会になぜ働くのかを、行く前にお子さんと一緒に考えてみてください。

まずはお金のため、生活のため、ということを子どもに認識させてもいいと思います。あまり小さな子どもでは理解できないかもしれませんが、もし理解できるようなら、住む家や着る服、食べるものを買うために必要なだけでなく、水道やガスや電気、国民の義務としての税金など、生きていればお金がかかるということを説明しておくのもいいと思います。

それともう一つ、人はひとりでは生きていけないという大切なことも、この機会に話しておくといいのではないでしょうか。人は必ず社会と関わり、何らかの貢献をすることで生きています。それが「人間は社会的な動物である」と言われる由縁です。

「自分のために働く」ということ

何のために仕事をするのかと聞かれれば、お金のため、生活のため、家族のため、社会のためと、いろいろな理由は挙げられると思います。本当は仕事なんてしなくていいものなら全然したくないという大人もきっといます。しかし、多くの大人は自分のために仕事をしているのではないでしょうか。もっともらしく言えば「自己実現のため」ということになると思いますが、仕事をしていると純粋に楽しかったり、夢中になれたり、心が沸き立つような思いをしたり、闘争心に火をつけられたりして、止められなくなるというのが本当であるような気がします。

もし大人がそんなふうに仕事をしているのだとわかれば、子どもも働くことに大いに夢を持てると思います。そして、夢を形にするために、もっと一生懸命になれるはずです。

「明日から自分でできること」を一緒に探す

家庭は〝学び〟を応用する場

東京ディズニーリゾートやキッザニアでふだんはできない体験をし、驚くほどたくさんの刺激を受けて、子どもには何か新しい興味とか好奇心が芽生えてきているはずです。親はそれを伸ばすようにしてみてはいかがでしょうか。

もし、東京ディズニーリゾートで文学や映像、音楽に興味を持ったなら、ディズニーを離れて本を読んだり、映画を一緒に見て、アトラクションとどこが違ったか話してみるのもいいと思います。海外に興味を持ったなら、地図や写真を見ながら外国の街のことを学ぶという手もあります。

キッザニアで、手や身体を動かして、もっと自分で何かをしてみたいと思うようになったなら、親子で一緒に料理を作ってみたり、掃除をしたり、ガーデニングにチャレンジしたりする方法もあります。

「○○したい」は人間力のめばえ

子どもはみんな、無限の可能性を持っています。ふとしたきっかけで、いろいろな力を発揮するようになります。しかし、どんな方向に成長していくのかは、日頃から子どもを見守っている親にもわかりません。ただ重要なことは、**自分で殻を破り、自分の力を発揮しようとしている**という目の前の事実です。

「人間力」とは、どんな時代、どんな環境のもとでも、自分で人生を切り拓き、生きぬいていく力だということはすでに述べました。テーマパークで過ごした

1日から何か刺激を受けて、自発的に何かをやってみたいと思うようになったとしたら、それこそが人間力のめばえです。

必ずしも芸術とか家事や仕事につながるようなはっきりしたことでなくてもかまいません。「東京ディズニーランドでキャストのお姉さんに親切にしてもらってうれしかった。だから学校の友達や自分の弟、妹に親切にする」ということでもいいのです。「キッザニアでキッゾの貯め方、使い方を覚えたから、自分がもらっているお小遣いも、自分で計画を立てて使ってみる」という小さな決意も大きな一歩につながるかもしれません。

どんなことでもいいのです。子どもが自分から何かを感じて、アクションを起こすということが一番大事ではないでしょうか。親としては、それがもっとも成長を感じるときだと思いますし、喜びを感じるときでしょう。

たとえ子どもが自分から、自分には何ができるのか、何がしたいかを言葉にできなかったとしても、**お父さん、お母さんがフォローして言葉を引き出してあげてください**。そして明日からの子どもたちのアクションを見守りましょう。

自分らしく何かを実践し、生きぬく力を身に付けようとしている、子どもたちのことを。

コラム5 「〇〇しなさい」と言う前に、親が見本を示そう

二子玉川のうどん屋さんを訪れたときのことです。男の子を２人連れたお母さんが、うどんを食べ終わった後、「ごちそうさまって言うのよ」と言って、会計を済ませるため席を立ちました。その子どもは言われた通り、「ごちそうさま」と言いましたが、それを見ていて、とても残念に思いました。

なぜ親が言わないのに、子どもが言わなくてはならないのでしょうか？

子どもは賢いものです。そのうち、お母さんが言わないのになぜ言わないといけないのか、きっと疑問を持つようになります。そうなる前に、まず親が手本を見せる。そして、なぜ「ごちそうさま」を言うのかを伝える。

こういった一つひとつの積み重ねが、子どもの「人間力」を高めていくのです。

おわりに

4月に入り、就職活動の選考が解禁になりました。2013年は安定志向、大手志向が復活し、銀行や保険会社、鉄道といった業界に注目が集まっているようです。採用人数は2012年よりも多少増えたとはいえ、大手企業や人気企業は相変わらずの狭き門。学生たちは就職活動に備えて、英語の勉強や資格試験の対策に必死です。

TOEICや資格など、客観的に判断できる能力を〝ハードスキル〟というそうですが、企業が学生に求めるスキルは、コミュニケーション力やリーダーシップなどに代表される〝ソフトスキル〟です。

このコミュニケーション力やリーダーシップとは、他人との人間関係の築き方、つまり自分から進んで挨拶したり、話をするときは相手の目を見て話す、しかるべきときに「ありがとう」「ごめんなさい」が言える、決まったルールはきちんと守るといった、**当たり前の事ができて、信頼関係を築ける能力**ということです。

このソフトスキルは、徹夜で勉強してすぐに身に付くものではありません。**日頃から意識して行動し、〝習慣〟となってはじめて身に付くもの**です。

人間の脳は変わらないことを心地よく感じ、変化を嫌うと言います。今までやったことがないことには脳が抵抗するので続けることが難しいものです。ソフトスキルを身に付けるには、日頃から意識してくり返し行動しないと、本当に備わった力にはならないでしょう。

ゆとり教育が中止され、土曜日の授業が再開されるのに合わせて、道徳の時間を導入する方向で調整が進んでいるようです。

先日、大手新聞社が実施した世論調査では、学校週6日に80％弱の人が賛成し、84％の人が道徳教育に賛成と答えています。最も多い理由は、「人を思いやる心が育つから」でした。

しかし、学校での道徳教育を受けることで、本当に「思いやりの心」が育つのでしょうか？　人として必要な素養は、学校の先生が教えることではなく、家庭で親が手本を示しながら、しっかりと教えていくことが大切だと感じます。人を思いやることを習慣として身に付けるようなしつけをしなければ、決して得られるものではないでしょう。

今回、本書を通じて東京ディズニーリゾートやキッザニアは、子どもの可能性を伸ばし、やる気を育てることを書かせていただきました。

ここに書いたことは、あくまでスタート地点に過ぎません。子どもが大好きなディズニーやキッザニアでの体験を通して楽しみながらソフトスキルを身に付けられるように、ぜひお父さん、お母さんとお子さんが一緒に考え、行動し、人生を切り拓いていってくださることを心より祈っています。

最後に、本書の出版に際し、絶大なるご理解とご協力をいただきました総合法令出版株式会社編集部の大島永理乃様、本書の構成にあたり、ご協力をいただきました成田真理様に、心から感謝いたします。

安孫子 薫
数住 伸一

安孫子薫（あびこ・かおる）

株式会社チャックスファミリー代表取締役

大学卒業後、新聞社を経て、1982年、株式会社オリエンタルランドへ転職。その後、東京ディズニーランドにてカストーディアル業務を担当。宣伝広告、セールスマネージャーを務め、ゼネラルサービス部長、カストーディアル部長、東京ディズニーランド・東京ディズニーシー運営部長、東京ディズニーリゾート運営部長を歴任した。東京ディズニーリゾートの「美観の追求」「環境対策」「安全確保」「アトラクション運営」「ゲストサービス」「パーキング運営」「ディズニーアカデミー」など、すべてのパーク運営課題に取り組み、常に現場で指揮を執ってきた。

2007年春からは、キッザニア東京の副総支配人として、運営全般の基盤整備と従業員指導を実践。その後、株式会社チャックスファミリーを設立、企業のためのコンサルティングを行っている。

著書に『「お客様の幸せ」のためにディズニーはまず「おそうじ」を考えた』（小学館）がある。2013年6月、『ディズニーの魔法のおそうじ』（小学館101新書）を上梓する予定。

株式会社チャックスファミリー
http://www.chucksfamily.co.jp/

数住 伸一（すずみ・しんいち）

山梨学院大学現代ビジネス学部現代ビジネス学科教授

大学卒業後、ロイヤル株式会社を経て、28歳で米国ニューヨーク州のポールスミス大学ホテル経営学部に留学。帰国後、西武セゾングループが手掛ける「ホテル西洋銀座」の開業プロジェクトに加わり、レストラン支配人、企画広報室、経営企画室などで活躍。その後、専門学校、サービス業界向けの教育訓練コンサルタント会社にて、社員教育、人材育成に携わる。2006年、キッザニア東京にて広報業務を担当。マスコミ対応、要人の受け入れ、お客様からの問い合わせ窓口の責任者として現場のサービス改善に努める。その後、亜細亜大学経営学部ホスピタリティ専攻客員教授、玉川大学大学院マネジメント研究科講師を経て、2012年4月より山梨学院大学現代ビジネス学部で教鞭をとる。サービス業で培ってきた経験をもとに、企業と学生をつなぐアクティブラーニングのプログラムを開発するなど、社会に出て活躍できる学生の育成に尽力している。

装丁・本文扉　成瀬慧（RESTAFILMS）
カバーイラスト　名渡山彩子
本文イラスト　須山奈津希
編集協力　成田真理
組版・図表　横内俊彦

ディズニーとキッザニアに学ぶ
子どもがやる気になる育て方

2013年6月4日　初版発行

著　者　安孫子薫、数住伸一
発行者　野村直克
発行所　総合法令出版株式会社
〒107-0052　東京都港区赤坂1-9-15 日本自転車会館2号館7階
電話　03-3584-9821（代）
振替　00140-0-69059

印刷・製本　中央精版印刷株式会社

落丁・乱丁本はお取替えいたします。

ISBN 978-4-86280-360-3

総合法令出版ホームページ　http://www.horei.com/